초등 문해력

독해가 힘이다

비문학편

4단계 A

문해력을 키우려면 어떻게 해야 할까요?

- 우리말에 대한 이해가 필수예요.
- 문장을 구조적으로 읽는 연습이 필요해요.
- 글 전체와 부분의 관계를 생각하며 읽는 태도가 필요해요.

문해력이란 무엇인가요?

문해력의 사전적 의미는 독해력과 거의 비슷해요. 글을 읽고 그 뜻을 이해하는 능력을 뜻하지요. 다만 독해 교육과 관련한 용어로서 문해력은 문장과 글을 구조적, 기술적으로 파악하고 글 전체를 이해하여 응용하는 능력을 뜻해요. 또 독해력은 글의 읽기 능력만을 뜻하지만 문해력은 우리말의 기능과 역할에 대한 이해를 바탕으로 글을 읽고, 쓰고 다루는, 종합적인 능력을 뜻해요.

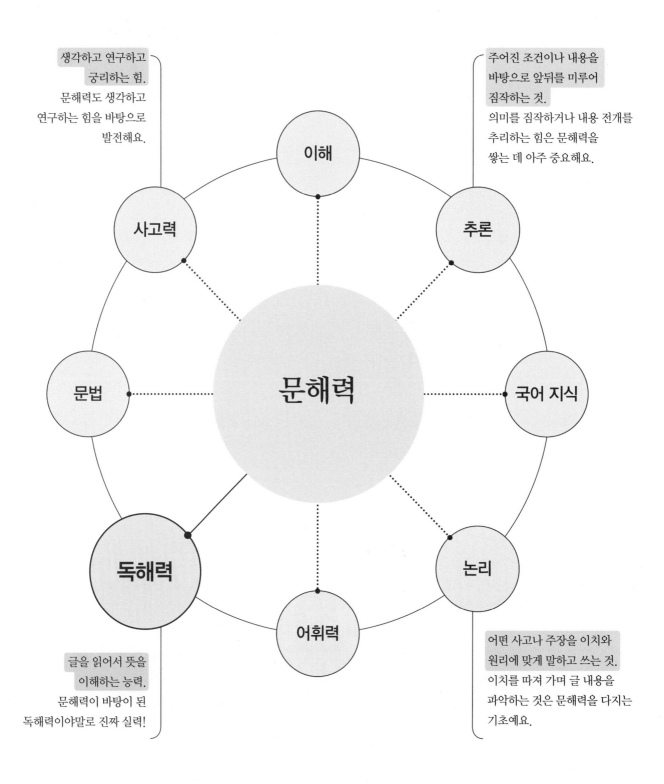

생각하고 연구하고 궁리하는 힘.
문해력도 생각하고 연구하는 힘을 바탕으로 발전해요.

주어진 조건이나 내용을 바탕으로 앞뒤를 미루어 짐작하는 것.
의미를 짐작하거나 내용 전개를 추리하는 힘은 문해력을 쌓는 데 아주 중요해요.

이해

사고력

추론

문법

문해력

국어 지식

독해력

어휘력

논리

글을 읽어서 뜻을 이해하는 능력.
문해력이 바탕이 된 독해력이야말로 진짜 실력!

어떤 사고나 주장을 이치와 원리에 맞게 말하고 쓰는 것.
이치를 따져 가며 글 내용을 파악하는 것은 문해력을 다지는 기초예요.

문해력이 중요한 까닭은 무엇인가요?

비문학 글은 정보 전달을 주된 목적으로 해요.
정보에 대한 **사실적 이해**와 주요 내용을 정리하고 기억하는 **구조적 이해**가 중요하지요.

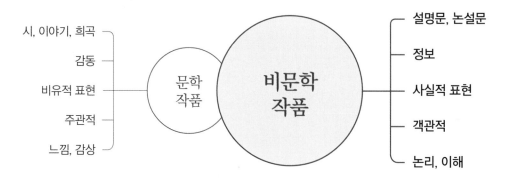

그래서 문장이나 글을 기능적, 구조적으로 읽는 **문해력이 바탕이** 되면 비문학 글을 쉽게 읽을 수 있어요.
문해력을 바탕으로 읽은 글은 읽고 나서도 그 내용을 보다 오랫동안 기억할 수 있지요.

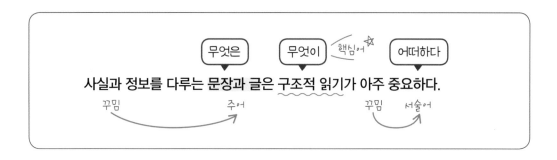

거꾸로 비문학 글은 문해력을 키우는 데 도움이 돼요.
문장이나 글의 짜임을 파악하는 연습을 문학 작품보다 쉽게 할 수 있고 핵심 정보를 뽑아내는 훈련을
하는 데도 좋아요. 그리고 글의 구조도 단순하기 때문에 글 전체를 보는 안목도 기를 수 있어요.
이처럼 문해력과 비문학 독해는 서로의 능력을 돕고 도와주는, 함께 커 가는 쌍둥이라고 할 수 있어요!

구성과 특징

초등 문해력 독해가 힘이다(비문학편)는 문해력을 바탕으로 비문학 독해의 사실적 읽기, 구조적 읽기를 훈련할 수 있게 구성하였습니다.

1일차

문해 기술

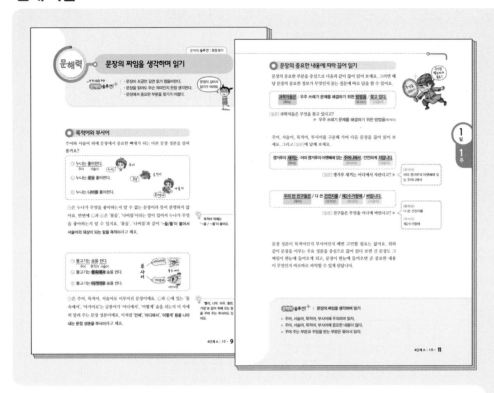

- **문장 읽기**
  - 주술부
  - 문장 성분
  - 호응
  - 접속어
  - 어휘 추론

- **핵심 정보 파악**
  - 주제
  - 핵심어
  - 중심 낱말
  - 중심 문장
  - 문장 단순화
  - 정보의 구분

- **내용 구조화**
  - 문단
  - 단락
  - 글의 구조
  - 요약
  - 재구성
  - 내용 구조
  - 시각화

- **자료 읽기**
  - 표
  - 도형
  - 그래프
  - 자료 해석

📖 교과 과정에 따른 영역별 비문학 지문

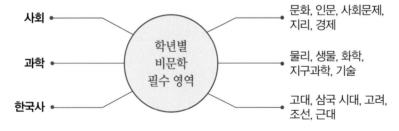

사회 ● ─── 문화, 인문, 사회문제, 지리, 경제

과학 ● ─── 학년별 비문학 필수 영역 ─── 물리, 생물, 화학, 지구과학, 기술

한국사 ● ─── 고대, 삼국 시대, 고려, 조선, 근대

📖 문해 기술을 적용한 비문학 독해

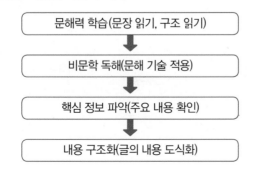

문해력 학습(문장 읽기, 구조 읽기)

↓

비문학 독해(문해 기술 적용)

↓

핵심 정보 파악(주요 내용 확인)

↓

내용 구조화(글의 내용 도식화)

2일 ~ 5일차

비문학 독해 지문

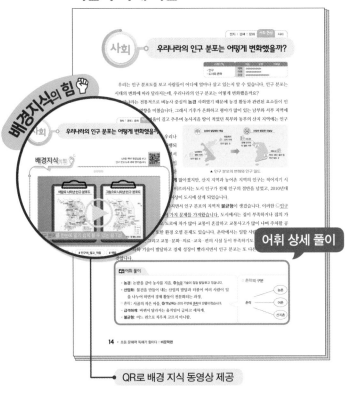

QR로 배경 지식 동영상 제공

문해 기술을 적용한 독해 문제

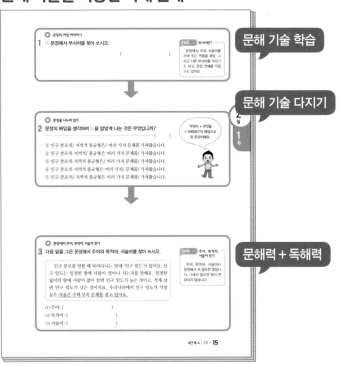

문해 기술 학습

문해 기술 다지기

문해력 + 독해력

독해 지문 완벽 이해

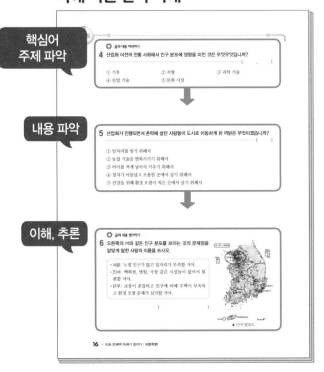

핵심어
주제 파악

내용 파악

이해, 추론

독해의 힘 내용 구조화

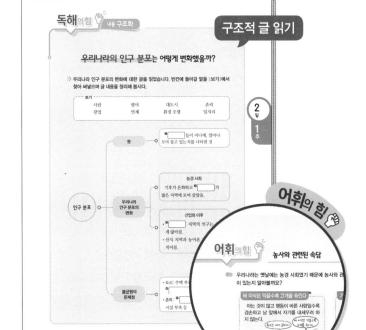

구조적 글 읽기

어휘의 힘

비문학편 4단계 A

차례

1주

문장의 짜임을 생각하며 읽기

문해력이 뛰어난 사람은 어떻게 읽을까?

문해력이 뛰어난 사람은 문장을 구조적으로 읽어요. 문장 성분을 파악하고 그 부분의 문법적인 쓰임과 기능을 알고 읽기 때문에 아무리 긴 문장이라도 문장의 구성이 한눈에 들어와요. 주어와 서술어 외에 중요한 정보를 담고 있는 문장 성분에는 또 무엇이 있는지, 문장의 짜임을 공부해 보아요.

1주에 공부할 내용

문장의 짜임을 생각하며 읽기

이런 친구들을 위한
문해력 솔루션!

- 문장이 조금만 길면 읽기 힘들어한다.
- 문장을 읽어도 무슨 의미인지 한참 생각한다.
- 문장에서 중요한 부분을 찾기가 어렵다.

문장이 길어서 읽기가 어려워.

목적어와 부사어

주어와 서술어 외에 문장에서 중요한 뼈대가 되는 다른 문장 성분을 살펴 볼까요?

㉠ 누나는 좋아한다.
　　주어　　서술어

㉡ 누나는 **꽃을** 좋아한다.

㉢ 누나는 **나비를** 좋아한다.

주어 〔누나는〕
목적어 〔꽃을〕
서술어 〔좋아한다〕

㉠은 누나가 무엇을 좋아하는지 알 수 없는 문장이라 뜻이 분명하지 않아요. 반면에 ㉡과 ㉢은 '꽃을', '나비를'이라는 말이 있어서 누나가 무엇을 좋아하는지 알 수 있지요. '꽃을', '나비를'과 같이 '-을/를'이 붙어서 서술어의 대상이 되는 말을 목적어라고 해요.

💡 목적어 뒤에는 '~을 / ~를'이 붙어요.

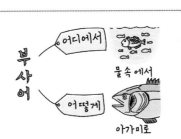

㉠ 물고기는 숨을 쉰다.
　　주어　　목적어 서술어

㉡ 물고기는 **물속에서** 숨을 쉰다.

㉢ 물고기는 **아가미로** 숨을 쉰다.

부사어
〔어디에서〕 물속에서
〔어떻게〕 아가미로

㉠은 주어, 목적어, 서술어로 이루어진 문장이에요. ㉡과 ㉢에 있는 '물속에서', '아가미로'는 금붕어가 '어디에서', '어떻게' 숨을 쉬는지 더 자세히 알려 주는 문장 성분이에요. 이처럼 '언제', '어디에서', '어떻게' 등을 나타내는 문장 성분을 부사어라고 해요.

💡 '빨리, 너무, 아주, 훨씬, 가장'과 같이 뒤에 오는 말을 꾸며 주는 부사어도 있어요.

문장의 짜임에서 중요한 내용 찾기

문장에서 주어, 서술어, 목적어, 부사어를 찾는 것이 중요한 까닭은
이 성분들이 문장의 중요한 정보를 담고 있는 경우가 많기 때문이에요.

바다에 사는 고래는 어류가 아닌 포유류입니다.
(주어)　　　　　　　　(서술어)

고래는　포유류이다

> 서술어는 주어가 무엇
> 인지, 어떠한지 알려 줍
> 니다.

마을 입구에 서 있는 장승은 마을을 지키는 수호신 역할을 하였다.
(주어)　　　　　　　(목적어)

장승은　　　　　수호신 역할을 하였다

> 목적어는 '무엇을'에 해
> 당하는 내용을 알려 줍
> 니다.

옹기장이는 그릇이 갈라지지 않게 유약을 바른 그릇을 그늘에서 말립니다.
(주어)　　　　　　　　　　　　　　(목적어)　(부사어)

옹기장이는　　　　그릇을　　　그늘에서 말립니다

> 부사어는 '언제, 어디에
> 서, 어떻게'와 관련된 내용
> 을 알려 줍니다.

어떤 사실과 정보를 전달하는 글은 문장의 중요한 내용을 간추리고 머릿
속에 기억하며 읽는 것이 중요해요. 문장의 짜임을 생각하면 위와 같이
문장의 중요한 정보를 쉽게 찾을 수 있어요.

확인 문제 1　목적어와 부사어를 찾으며 읽기　　　　　　　▶ 정답 2쪽

◇ 다음 문장에서 목적어나 부사어를 찾아 밑줄을 긋고, 중요한 내용을 찾아 쓰시오.

(1) 정호는 수영을 잘한다.

　▶ 정호가 _____을 잘한다는 점이 중요

(2) 친구는 영화를 보기로 했다.

　▶ 친구가 _____를 보기로 한 점이 중요

(3) 어머니께서 시장에 가셨다.

　▶ 어머니께서 _____에 가셨다는 점이 중요

(4) 두꺼비는 습지에 삽니다.

　▶ 두꺼비가 _____에 산다는 점이 중요

● 문장의 중요한 내용에 따라 끊어 읽기

문장의 중요한 부분을 중심으로 다음과 같이 끊어 읽어 보세요. 그러면 해당 문장의 중요한 정보가 무엇인지 묻는 질문에 바로 답을 할 수 있어요.

> **과학자들은** / 우주 쓰레기 문제를 해결하기 위한 **방법을** / **찾고 있다.**
> (주어)   (목적어)   (서술어)

[질문] 과학자들은 무엇을 찾고 있다고?
▶ 우주 쓰레기 문제를 해결하기 위한 방법을(목적어)

주어, 서술어, 목적어, 부사어를 구분해 가며 다음 문장을 끊어 읽어 보세요. 그리고 [질문]에 답해 보세요.

> **캥거루의 새끼는** / 어미 캥거루의 아랫배에 있는 **주머니에서** / 안전하게 **자랍니다.**
> (주어)   (부사어)   (서술어)

[질문] 캥거루 새끼는 어디에서 자란다고? ▶

(부사어)
어미 캥거루의 아랫배에 있는 주머니에서

> **우리 반 친구들은** / 다 쓴 **건전지를** / **제2수거함에** / **버립니다.**
> (주어)   (목적어)   (부사어)   (서술어)

[질문] 친구들은 무엇을 어디에 버린다고? ▶

(목적어)
다 쓴 건전지를

(부사어)
제2수거함에

문장 성분이 목적어인지 부사어인지 매번 고민할 필요는 없어요. 위와 같이 문장을 이루는 주요 성분을 중심으로 끊어 읽다 보면 긴 문장도 그 짜임이 한눈에 들어오게 되고, 문장이 한눈에 들어오면 곧 중요한 내용이 무엇인지 바로바로 파악할 수 있게 된답니다.

문해력 솔루션! | 문장의 짜임을 생각하며 읽기

▶ 주어, 서술어, 목적어, 부사어에 주의하며 읽자.
▶ 주어, 서술어, 목적어, 부사어에 중요한 내용이 많다.
▶ 꾸며 주는 부분과 꾸밈을 받는 부분은 묶어서 읽자.

1 다음 문장의 목적어를 찾아 밑줄을 그으시오.

(1) 젊은이들은 일자리를 구해야 했습니다.

(2) 연못에 가면 개구리를 흔히 볼 수 있습니다.

(3) 신라는 마침내 삼국을 통일하였습니다.

'무엇을'에 해당하는 말은 목적어, '언제', '어디에서', '어떻게'에 해당하는 말은 부사어!

2 다음 문장의 부사어를 찾아 밑줄을 그으시오.

(1) 쓰레기는 쓰레기통에 버려야 합니다.

(2) 열목어는 ˙일급수에 사는 물고기입니다.

(3) 줄다리기는 정월대보름에 하는 민속놀이입니다.

● **일급수** 물의 깨끗함을 나타내는 등급 중 하나. 가장 맑고 깨끗한 물로 다른 처리 과정이 없이 식수로 이용할 수 있음.

3 다음 문장의 밑줄 그은 부분은 목적어와 부사어 중 무엇에 해당하는지 쓰시오.

(1) 화가는 물감을 물에 풀었습니다.

(2) 거북은 따뜻한 모래사장에 많은 알을 낳습니다.

4 다음 문장을 주어 뒤, 부사어 뒤, 목적어 뒤에 /을 그어 끊어 읽고, 질문에 답해 보시오.

주어나 목적어, 부사어는 문장의 중요한 정보를 담고 있어요!

(1) 태조 왕건은 송악에 새 도읍을 건설하였다.
▶ 왕건이 새 도읍을 건설한 곳은? (   )

(2) 백제의 승려들은 이웃 나라 일본에 불교를 전파하였다.
▶ 백제의 승려들이 일본에 전파한 것은? (   )

사회

우리나라의 인구 분포는 어떻게 변화했을까?

배경지식의힘

QR을 찍어 동영상을 보고
인구 분포도에 대해 알아봅시다.

2일

1주

색깔로 나타낸 인구 분포도 | 그림으로 나타낸 인구 분포도

인구 분포를 한눈에 알기 쉽게 볼 수 있는 꿀 Tip!

인구_분포도 | # 인구의_많고_적음 | # 색깔 | # 그림

▶ 동영상을 보고 알맞은 것에 ✔ 하세요.

▶ 정답 3쪽

1 지역별 인구의 많고 적음을 한눈에 알아보기 쉬운 것은 무엇인가요?

㉠ 인구 정책 ☐
㉡ 인구 분포도 ☐

3 인구 분포도를 그림으로 나타낼 때 인구가 많은 곳은 어떻게 표현하나요?

㉠ 큰 그림 ☐
㉡ 작은 그림 ☐

2 인구 분포도를 색깔로 나타낼 때 인구가 적은 곳은 어떻게 표현하나요?

㉠ 진한 색깔 ☐
㉡ 연한 색깔 ☐

4 인구 분포도에서 인구가 많이 분포하는 지역은 어디일까요?

㉠ 도시 ☐
㉡ 촌락 ☐

사회 ― 우리나라의 인구 분포는 어떻게 변화했을까?

키워드 Q	쉬움	보통	어려움
• 인구	제재		
• 도시와 촌락	어휘		
	문장		

우리는 인구 분포도를 보고 사람들이 어디에 얼마나 살고 있는지 알 수 있습니다. 인구 분포는 시대의 변화에 따라 달라지는데, 우리나라의 인구 분포는 어떻게 변화했을까요?

우리나라는 전통적으로 벼농사 중심의 **농경** 사회였기 때문에 농경 활동과 관련된 요소들이 인구 분포에 큰 영향을 미쳤습니다. 그래서 기후가 온화하고 평야가 많이 있는 남부와 서부 지역에는 인구가 많았고, 겨울이 길고 추우며 농사지을 땅이 적었던 북부와 동부의 산지 지역에는 인구가 적었습니다.

그러다가 1960년대부터 우리나라는 본격적으로 **산업화**가 진행되었습니다. 산업화가 진행되면서 **촌락**에 살던 ㉠사람들이 도시로 이동하였습니다. 그 결과 서울, 부산

▲ 인구 분포의 변화와 인구 밀도

등 대도시 지역의 인구는 **급격하게** 많아졌지만, 산지 지역과 농어촌 지역의 인구는 적어지기 시작하였습니다. 1970년대 중반에 이르러서는 도시 인구가 전체 인구의 절반을 넘었고, 2010년대에는 전체 인구의 약 90퍼센트 이상이 도시에 살게 되었습니다.

도시에 인구가 지나치게 많아지면서 인구 분포의 지역적 **불균형**이 생겼습니다. 이러한 ㉡인구 분포의 지역적 불균형은 여러 가지 문제를 가져왔습니다. 도시에서는 집이 부족하거나 집의 가격이 비싸졌습니다. 그리고 도로에 차가 많아 교통이 혼잡하고 교통사고가 많이 나며 주차할 공간이 부족해졌습니다. 또한 환경 오염 문제도 있습니다. 촌락에서는 일할 사람이 부족하고 소득이 적어졌습니다. 그리고 교통·문화·의료·교육·편의 시설 등이 부족하기도 합니다.

앞으로 과학 기술이 발달하고 경제 성장이 빨라지면서 인구 분포는 또 다른 모습으로 변화할 것입니다.

📖 어휘 풀이

- **농경**: 논밭을 갈아 농사를 지음. ⑩ 농경 기술이 점점 발달하고 있습니다.
- **산업화**: 물건을 만들어 내는 산업의 발달과 더불어 여러 사람이 일을 나누어 하면서 경제 활동이 전문화되는 과정.
- **촌락**: 시골의 작은 마을. ⑩ 옛날에는 강의 주변에 촌락이 만들어졌습니다.
- **급격하게**: 바뀌어 달라지는 움직임이 급하고 세차게.
- **불균형**: 어느 편으로 치우쳐 고르지 아니함.

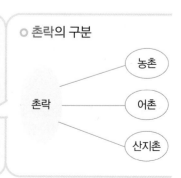

○ 촌락의 구분

촌락 ― 농촌 / 어촌 / 산지촌

1 ㉠ 문장에서 부사어를 찾아 쓰시오.

(   )

> **문해력 tip** 부사어란?
>
> 문장에서 주로 서술어를 꾸며 주는 역할을 해요. 그리고 다른 부사어를 꾸미기도 하고, 문장 전체를 꾸밀 수도 있어요.

● 문장을 나누며 읽기

2 문장의 짜임을 생각하며 ㉡을 알맞게 나눈 것은 무엇입니까? (   )

① 인구 분포의/ 지역적 불균형은/ 여러 가지 문제를 가져왔습니다.
② 인구 분포의 지역적/ 불균형은 여러 가지 문제를/ 가져왔습니다.
③ 인구 분포의 지역적 불균형은/ 여러 가지 문제를/ 가져왔습니다.
④ 인구 분포의 지역적 불균형은 여러 가지/ 문제를/ 가져왔습니다.
⑤ 인구 분포의/ 지역적 불균형은 여러 가지 문제를/ 가져왔습니다.

> '무엇이 + 무엇을 + 어찌하다'의 짜임으로 된 문장이에요.

● 문장에서 주어, 목적어, 서술어 찾기

3 다음 밑줄 그은 문장에서 주어와 목적어, 서술어를 찾아 쓰시오.

> 인구 분포를 말할 때 따라다니는 말에 '인구 밀도'가 있어요. 인구 밀도는 일정한 땅에 사람이 얼마나 사는지를 말해요. 일정한 넓이의 땅에 사람이 많이 살면 인구 밀도가 높은 것이고, 적게 살면 인구 밀도가 낮은 것이지요. 우리나라에서 인구 밀도가 가장 높은 <u>서울은 주택 부족 문제를 겪고 있어요.</u>

> **문해력 tip** 주어, 목적어, 서술어 찾기
>
> 주어, 목적어, 서술어는 문장에서 꼭 필요한 말입니다. 그래서 없으면 뜻이 전달되지 않습니다.

(1) 주어: (   )
(2) 목적어: (   )
(3) 서술어: (   )

○ 글의 내용 파악하기

4 산업화 이전의 전통 사회에서 인구 분포에 영향을 미친 것은 무엇무엇입니까?
·· (,   )

① 기후   ② 지형   ③ 과학 기술
④ 산업 기술   ⑤ 문화 시설

5 산업화가 진행되면서 촌락에 살던 사람들이 도시로 이동하게 된 까닭은 무엇이겠습니까?
·· (   )

① 일자리를 찾기 위해서
② 농업 기술을 변화시키기 위해서
③ 아이를 적게 낳아서 키우기 위해서
④ 경치가 아름답고 조용한 곳에서 살기 위해서
⑤ 건강을 위해 환경 오염이 적은 곳에서 살기 위해서

○ 글의 내용 평가하기

6 오른쪽의 ㈎와 같은 인구 분포를 보이는 곳의 문제점을 알맞게 말한 사람의 이름을 쓰시오.

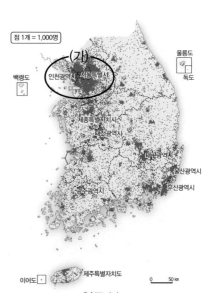

▲ 인구 분포도

• 서윤: 노령 인구가 많고 일자리가 부족할 거야.
• 진서: 백화점, 병원, 극장 같은 시설들이 없어서 불편할 거야.
• 은우: 교통이 혼잡하고 인구에 비해 주택이 부족하고 환경 오염 문제가 심각할 거야.

(   )

우리나라의 인구 분포는 어떻게 변화했을까?

>> 우리나라 인구 분포의 변화에 대한 글을 읽었습니다. 빈칸에 들어갈 말을 [보기]에서 찾아 써넣으며 글 내용을 정리해 봅시다.

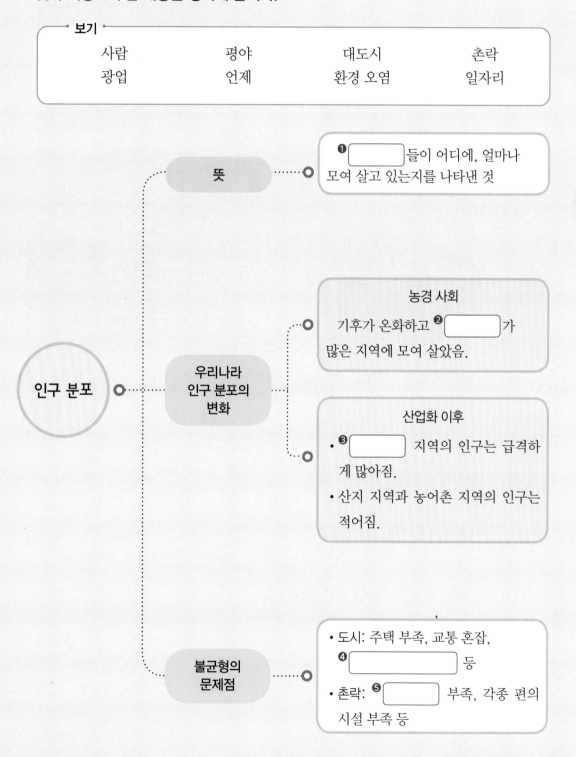

┌ 보기 ┐

| 사람 | 평야 | 대도시 | 촌락 |
| 광업 | 언제 | 환경 오염 | 일자리 |

뜻
❶ [   ]들이 어디에, 얼마나 모여 살고 있는지를 나타낸 것

인구 분포

우리나라 인구 분포의 변화

농경 사회
기후가 온화하고 ❷[   ]가 많은 지역에 모여 살았음.

산업화 이후
• ❸[   ] 지역의 인구는 급격하게 많아짐.
• 산지 지역과 농어촌 지역의 인구는 적어짐.

불균형의 문제점
• 도시: 주택 부족, 교통 혼잡, ❹[   ] 등
• 촌락: ❺[   ] 부족, 각종 편의 시설 부족 등

농사와 관련된 속담

▶ 정답 3쪽

우리나라는 옛날에는 농경 사회였기 때문에 농사와 관련된 속담이 많아요. 이런 속담에는 무엇이 있는지 알아볼까요?

벼 이삭은 익을수록 고개를 숙인다

아는 것이 많고 행동이 바른 사람일수록 겸손하고 남 앞에서 자기를 내세우려 하지 않는다.

가물 끝은 있어도 장마 끝은 없다

가뭄에 의한 피해보다 장마로 인한 피해가 더 크다.

콩 심은 데 콩 나고 팥 심은 데 팥 난다

모든 일은 원인에 따라 거기에 걸맞은 결과가 나타난다.

좋은 농사꾼에게 나쁜 땅이 없다

모든 일은 자기가 하기에 달렸다.

1 다음과 같은 상황에서 쓸 수 있는 속담으로 알맞은 것에 ○표 하시오.

> 시험 공부를 열심히 해서 좋은 성적을 받았을 때

(1) 콩과 보리도 분간하지 못한다 ( )
(2) 콩 심은 데 콩 나고 팥 심은 데 팥 난다 ( )
(3) 콩 가지고 두부 만든대도 곧이 안 듣는다 ( )

2 다음 ( ) 안에 알맞은 속담을 줄로 이으시오.

(1) ( )고 그렇게 잘난 척을 하지 말고 겸손하렴. ·

· ① 가물 끝은 있어도 장마 끝은 없다

(2) ( )더니 올해 비가 많이 오면서 피해가 너무 커요. ·

· ② 벼 이삭은 익을수록 고개를 숙인다

과학 — 지구의 역사를 보여 주는 지층과 화석

배경지식의힘

QR을 찍어 동영상을 보고
화석에 대해 알아봅시다.

3
일

1
주

이 보석이 화석이라고요?

화석 | # 동물이나_식물 | # 몸체나_흔적 | # 살아_있던_모습

▶ 동영상을 보고 알맞은 것에 ✓ 하세요.

▶ 정답 4쪽

1 호박 화석은 땅속에서 무엇이 오랜 시간 굳어
져 만들어진 화석인가요?

㉠ 열매 ☐
㉡ 송진 ☐

2 규화목의 특성으로 알맞은 것은 무엇인가요?

㉠ 나무 형태나 구조가 보존되어 있습니다. ☐
㉡ 나뭇잎에 다른 물질이 스며들어 굳어져 화석
이 된 것입니다. ☐

3 매머드 화석에 대한 설명으로 알맞은 것은 무
엇인가요?

㉠ 코끼리와 비슷하게 생긴 동물의 화석입니다. ☐
㉡ 현재 시베리아에서 살고 있는 매머드를 연구
하는 자료로 쓰입니다. ☐

4 화석에 대한 설명으로 알맞은 것은 무엇인가
요?

㉠ 생물이 죽은 후 바로 썩어야 화석으로 남습니
다. ☐
㉡ 옛날에 살았던 생물의 몸체나 흔적이 암석이
나 지층 속에 남아 있는 것입니다. ☐

과학

지구의 역사를 보여 주는 지층과 화석

키워드 🔍		쉬움	보통	어려움
· 지층 · 화석	제재 어휘 문장			

⊙화석은 지층에서 발견돼. 지층과 화석을 보면 지구의 역사를 알 수 있다고 하는데 그 이유는 무엇일까? 흐르는 물이나 세찬 바람은 바위나 돌, 흙을 조금씩 깎아 내. 이렇게 깎인 작은 돌과 흙은 물이나 바람에 의해 옮겨져 쌓이게 되는데 이것을 퇴적 작용이라고 해. 퇴적된 자갈, 모래, 진흙 등이 오랜 시간에 걸쳐 단단하게 굳어져 층을 이루고 있는 것을 지층이라고 하지. 퇴적 작용은 호수나 바다 밑에서 일어나기 때문에 지층은 물속에서 만들어져. 지층이 땅 위로 솟아서 물 밖으로 나왔기 때문에 지층을 볼 수 있는 거야.

▲ 지층

지층을 보면 지층이 만들어진 순서를 알 수 있지. 어떠한 원인 때문에 땅의 모양이 크게 바뀌지 않았다면 아래쪽에 있는 것부터 먼저 생긴 지층이야. 그리고 지층이 쌓일 당시의 환경도 알 수 있지. 만약 지층에서 **암염**이 발견되었다면 그곳은 옛날에 바다나 소금기가 많은 호수였다고 생각할 수 있어. 지층에서 볼 수 있는 나란한 줄무늬를 '층리'라고 해. 이 층리가 기울어진 방향을 보면 지층이 만들어진 당시의 물의 흐름을 알 수 있는 거야. 그리고 지층이 끊어지거나 휘어진 모습이 있다면 옛날에 **지진**이나 **화산** 폭발이 생겨서 땅의 모양이 변했다는 것을 알 수 있어.

지층을 이루는 암석 속에 아주 오랜 옛날에 살았던 생물의 몸체나 생물이 생활한 흔적이 남아 있는 것을 화석이라고 해. 공룡은 **중생대**에만 살았으니까 어떤 지층에서 공룡 화석이 발견되었다면 그 지층이 중생대에 만들어졌다는 것을 알 수 있겠지. 또 산호 화석이 많이 발견되는 지역은 따뜻하고 얕은 바다였다는 것을 알 수 있어. 왜냐하면 산호는 주로 따뜻하고 얕은 바닷속 바위에 붙어서 사는 동물이기 때문이지.

⊙지층과 화석은 지구의 역사를 보여 주는 책과 같아. ⊙학자들은 지층이나 화석을 통해 지구의 과거를 하나씩 풀어 내고 있단다.

📖 어휘 풀이

· **암염**: 소금으로 된 돌. ❸ 암염에서 소금을 얻기도 합니다.
· **지진**: 지층이 지구 안쪽에서 생기는 힘을 받아 끊어지면서 땅이 흔들리는 현상.
· **화산**: 땅속 깊은 곳에 있는 불처럼 뜨거운 마그마가 땅의 표면 밖으로 뿜어져 나와 만들어진 산. ❸ 한라산과 백두산은 화산입니다.
· **중생대**: 옛날 지구에서 공룡과 같은 몸집이 큰 파충류가 살았던 시대.

○ 화산 폭발 모습

1 ⊙과 문장의 짜임이 같은 것은 어느 것입니까? ·················· (   )

① 배를 타고 갔다.

② 흙이 묻은 옷을 빨았다.

③ 소문이 온 동네에 퍼졌다.

④ 나는 신문을 꾸준히 읽었다.

⑤ 일찍 일어나는 새가 벌레를 잡는다.

문해력 tip **문장의 짜임**

화석은 + 지층에서
(주어)   (부사어)

+ 발견돼.
(서술어)

2 ⓒ 문장에 대해 알맞게 말하지 <u>못한</u> 사람의 이름을 쓰시오.

(   )

문해력 tip **부사어**

부사어는 서술어를 꾸며 주는 말입니다. 없어도 문장이 되어서 뜻이 통하는 경우도 있지만, 꼭 있어야 문장이 되는 부사어도 있습니다.

3
일
1
주

○ 문장에서 주어, 목적어, 서술어 찾기

3 문장의 짜임을 생각하며 ⓒ을 세 부분으로 알맞게 끊어 읽은 것은 어느 것입니까? ·················· (   )

① 학자들은 지층이나 화석을 통해 지구의 과거를 하나씩/ 풀어 내고/ 있단다.

② 학자들은 지층이나 화석을 통해 지구의 과거를/ 하나씩/ 풀어 내고 있단다.

③ 학자들은 지층이나 화석을 통해/ 지구의 과거를/ 하나씩 풀어 내고 있단다.

④ 학자들은/ 지층이나 화석을 통해 지구의 과거를 하나씩/ 풀어 내고 있단다.

⑤ 학자들은/ 지층이나 화석을 통해 지구의 과거를/ 하나씩 풀어 내고 있단다.

문장이 길 때에는 문장을 구성하는 데 반드시 있어야 하는 부분을 찾아서 끊어 읽어 보세요.

○ 글의 내용 파악하기

4 지층에 대한 설명으로 알맞지 <u>않은</u> 것은 어느 것입니까? ─────────── (   )

① 지층에서 화석이 발견된다.

② 대부분 위쪽에 있는 것부터 먼저 생긴 지층이다.

③ 지층을 이루고 있는 것에는 돌이나 흙 등이 있다.

④ 물속에서 만들어져서 땅 위로 솟아 물 밖으로 나왔다.

⑤ 퇴적된 자갈, 모래, 진흙 등이 오랜 시간에 걸쳐 단단하게 굳어져 층을 이루고 있는 것이다.

○ 핵심 낱말 파악하기

5 빈칸에 알맞은 말을 [보기]에서 찾아 쓰시오.

┌─ 보기 ─────────────────────────────────────┐
| 순서   층리   환경   흐름   화석 |
└──┘

(1) 지층 층리를 보면 지층이 만들어질 당시의 물의 ☐☐ 을 알 수 있다.

(2) 지층에서 발견되는 ☐☐ 을 보면 지층이 만들어진 시대를 알 수 있다.

(3) 지층을 보면 지층이 만들어진 ☐☐ 와 쌓일 당시의 ☐☐ 을 알 수 있다.

○ 글의 내용 추론하기

6 밑줄 그은 물음에 대한 대답으로 알맞은 것의 기호를 쓰시오.

┌──┐
| 암모나이트는 바다에 살았던 동물이야. 달팽이와 비슷하게 생겼    |
| 지. 암모나이트는 중생대에 많이 살았고 지금은 아주 없어져서 볼 |
| 수 없어. <u>어떤 지층에서 암모나이트 화석이 발견되었다면 그것을</u> |
| <u>보고 무엇을 알 수 있을까?</u> |
└──┘

┌──┐
| ㉮ 암모나이트가 육식 공룡의 먹이였다는 것을 알 수 있다. |
| ㉯ 그 지층이 중생대에 만들어졌다는 것을 알 수 있다. |
| ㉰ 그 지층이 만들어진 지역이 추운 땅이었다는 것을 알 수 있다. |
└──┘

(   )

지층과 화석에 대해 알아볼까요?

≫ 지층과 화석에 대한 글을 읽었습니다. 빈칸에 들어갈 말을 [보기]에서 찾아 써넣으며 글 내용을 정리해 봅시다.

┌ 보기 ┐
| 퇴적 | 지진 | 고사리 | 흔적 |
| 폭발 | 바다 | 순서 | 생물 |

지층의 뜻

❶ [   ]된 자갈, 모래, 진흙 등이 오랜 시간에 걸쳐 단단하게 굳어져 층을 이루고 있는 것

지구의 역사를 보여 주는 것

지층을 보고 알 수 있는 것

• 지층이 만들어진 ❷ [   ]
• 지층이 쌓일 당시의 환경

• 층리를 보면 지층이 만들어질 당시의 물의 흐름을 알 수 있음.
• 지층이 끊어지거나 휘어진 모습이 있다면 ❸ [   ]이나 화산 폭발이 있었다는 것을 알 수 있음.

화석

• 지층을 이루는 암석 속에 아주 오랜 옛날에 살았던 ❹ [   ]의 몸체나 생물이 생활한 ❺ [   ]이 남아 있는 것
• 화석을 보면 지층이 만들어진 시대나 만들어질 당시의 환경 등을 알 수 있음.

소리가 같지만 뜻이 다른 낱말

▶ 정답 4쪽

● '쌓이다'와 '싸이다'는 소리가 [싸이다]로 같지만 뜻은 달라요. 소리가 같지만 뜻이 다른 낱말을 알맞게 써야 전하려는 내용을 잘 전할 수 있어요.

쌓이다
책이 쌓이다.

싸이다
선물이 상자에
싸이다.

쌓이다 여러 개의 물건이 겹겹이 포개어 엎어 놓이다.
싸이다 물건이 보이지 않게 씌워져 가려지거나 둘려 말리다.

반듯이
반듯이 뻗은 도로

반드시
반드시 1등을 할 거야.

반듯이 비뚤어지거나 기울거나 굽지 아니하고 바르게.
반드시 틀림없이 꼭.

맞히다
정답을 맞히다.
○ ✕

마치다
숙제를 마치다.

맞히다 문제에 대한 답을 틀리지 않게 하다.
마치다 무엇이 끝나다. 또는 끝나게 하다.

1 [보기]에서 알맞은 낱말을 찾아 빈칸에 써넣어 문장을 완성하시오.

┌─ 보기 ─────────────────────────────────────┐
│   마칠   맞힐   반드시   반듯이   │
└──┘

(1) 청소를 (   ) 때까지 기다려 주세요.
(2) 이번 축구 시합에서는 (   ) 우승할 것이다.
(3) 형은 항상 책상에 (   ) 앉아서 공부한다.

2 다음 (   ) 안의 알맞은 낱말에 ○표 하시오.

(1) 책상에 (**싸인 / 쌓인**) 먼지 좀 닦아 줄래?
(2) 할머니께서 보자기에 (**싸인 / 쌓인**) 한복을 꺼내셨다.

한국사

왕건, 후삼국을 통일하다

QR을 찍어 동영상을 보고
후삼국 통일에 대해 알아봅시다.

4
일

1
주

후삼국 | # 후고구려 # 후백제 # 신라

▶ 동영상을 보고 알맞은 것에 ✔ 하세요.

▶ 정답 5쪽

1 후삼국에 해당되는 나라가 <u>아닌</u> 것은 무엇인가요?

㉠ 발해 ☐
㉡ 신라 ☐
㉢ 후백제 ☐
㉣ 후고구려 ☐

2 후고구려를 세운 인물은 누구인가요?

㉠ 견훤 ☐
㉡ 궁예 ☐

3 경순왕에 대한 설명으로 알맞은 것은 무엇인가요?

㉠ 후백제를 세웠습니다. ☐
㉡ 신라의 마지막 왕입니다. ☐

4 고려에 대한 설명으로 알맞지 <u>않은</u> 것은 무엇인가요?

㉠ 왕건이 세웠습니다. ☐
㉡ 후삼국을 통일한 나라입니다. ☐
㉢ 발해 사람들을 고려에 받아들이지 않았습니다. ☐

한국사 ─○ 왕건, 후삼국을 통일하다

키워드 Q	쉬움	보통	어려움
· 왕건 · 고려	제재 어휘 문장		

신라 말 나라는 크게 혼란스러웠어요. 지방에서는 경제력을 바탕으로 무력과 권력을 가진 **호족**이 생겨났어요. 왕건은 송악(개성)의 호족 출신이에요. ㉠왕건의 가문은 해상 무역을 통해 쌓은 돈과 세력을 가지고 있었지요.

이런 시기에 궁예가 세력을 떨치기 시작했어요. 왕건의 아버지와 왕건은 궁예의 신하가 되어, 궁예가 나라를 세우는 것을 도왔어요. 그리고 901년 궁예가 송악에 후고구려를 세웠어요. 왕건은 후백제와의 여러 전투에서 활약하여 높은 벼슬에 올랐지요.

그런데 이렇게 왕건이 여러 전투에서 활약할 동안 ㉡궁예는 나라를 **난폭하게** 다스리고 있었어요. 궁예는 자신이 사람의 마음을 볼 수 있는 능력이 있다고 하면서 신하를 의심하고 죽이면서 일부 호족들을 억압하였어요. 그리고 백성들의 어려움을 돌보지 않았지요.

918년에 왕건은 궁예를 몰아내고 왕이 되어 고려를 세웠어요. 왕건이 나라의 이름을 고려라고 한 까닭은 고구려를 계승하고자 했기 때문이에요.

고려를 세운 왕건은 세금을 줄이고, 가난한 사람들이 굶주리지 않도록 힘썼어요. 그리고 불교를 **장려했으며**, 북쪽으로 영토를 넓히려고 하였어요.

고려는 후삼국을 통일하기 위해 신라와 좋은 관계를 유지하였지만 후백제와는 대립하였어요. 927년에 왕건은 후백제와 공산(대구)에서 전투를 벌였지만 크게 지고 말았어요. 왕건은 공산 전투 이후 군사를 훈련하고 호족들을 고려 편으로 만들었어요. 이 사이에 후백제는 견훤의 자식들 사이에서 **왕위** 다툼이 일어나서 힘이 점점 약해지고 있었지요. 그리하여 3년 만에 고려와 후백제가 다시 맞붙은 고창(안동) 전투에서는 ㉢고려가 크게 이겼어요.

▲ 태조 왕건 청동상

935년 신라가 스스로 고려에 **항복**하고, 936년 후백제가 멸망하자 왕건은 후삼국을 통일하였어요.

📖 어휘 풀이

○ **호족**: 신라 말과 고려 초에 새롭게 등장한 지방 세력.
· **난폭하게**: 행동이 몹시 거칠고 사납게.
· **장려했으며**: 좋을 일에 힘쓰도록 북돋아 주었으며.
· **왕위**: 임금의 자리.
　　예 후백제에서는 견훤과 맏아들 신검이 왕위 계승 문제로 다투었습니다.
· **항복**: 적이나 상대편의 힘에 눌리어 그 밑으로 들어감.

○ 호족

경제력　무력
호족
권력
↓
한 지방을 독자적으로 다스릴
만큼 세력이 컸음.

1 ㉠을 주어, 목적어, 서술어를 생각하며 알맞게 끊어 읽은 것은 어느 것입니까? .... ( )

① 왕건의/ 가문은 해상 무역을 통해/ 쌓은 돈과 세력을 가지고 있었 지요.

② 왕건의 가문은/ 해상 무역을 통해/ 쌓은 돈과 세력을/ 가지고 있었 지요.

③ 왕건의 가문은/ 해상 무역을 통해 쌓은 돈과 세력을/ 가지고 있었 지요.

④ 왕건의 가문은 해상 무역을 통해/ 쌓은 돈과 세력을/ 가지고 있었 지요.

⑤ 왕건의 가문은 해상 무역을 통해 쌓은 돈과 세력을/ 가지고/ 있었 지요.

> **문해력 tip** 문장 끊어 읽기
>
> 문장 안에서 각 낱말이 어 떤 역할을 하는지 파악해 요. 그다음에 주어와 목적 어, 서술어를 찾아보세요.

4
일

1
주

● 문장 성분 찾기

2 ㉡ 문장에서 주어, 목적어, 부사어, 서술어를 알맞게 찾아 쓰시오.

> 궁예는 나라를 난폭하게 다스리고 있었어요.

(1) 주어: ( )

(2) 목적어: ( )

(3) 부사어: ( )

(4) 서술어: ( )

> **문해력 tip** 부사어 찾기
>
> 부사어는 서술어를 꾸며 주는 말이에요. 부사어는 보통 주어나 목적어의 뒤, 서술어의 앞에 와요.

● 문장을 이해하기

3 ㉢ 문장에 대한 설명으로 알맞지 <u>않은</u> 것의 번호를 쓰시오.

> ① '고려가'가 주어이다.
> ② '이겼어요'가 서술어이다.
> ③ '크게'는 '이겼어요'를 꾸며 주는 말이다.
> ④ '크게'라는 말을 생략하면 문장이 성립하지 않는다.

( )

> 부사어를 빼고 읽어도 문장의 의미가 통하는지 살펴보세요.

◯ 글의 내용 파악하기

4 왕건에 대한 설명으로 알맞지 <u>않은</u> 것은 어느 것입니까? ─────────── (　　　)

① 송악의 호족 출신이다.

② 궁예를 몰아내고 왕이 되었다.

③ 고려를 세우고 후삼국을 통일하였다.

④ 후백제와의 공산 전투에서 크게 이겼다.

⑤ 궁예의 신하가 되어서 궁예가 후고구려를 세우는 것을 도왔다.

5 왕건이 궁예를 몰아내고 왕이 된 까닭으로 알맞은 것은 무엇입니까? ─────── (　　　)

① 궁예의 아들이 아니어서

② 궁예가 호족을 억압하여서

③ 궁예가 후백제와의 전투에서 져서

④ 불교의 힘으로 나라를 세우기 위해서

⑤ 궁예가 중국의 제도를 억지로 따르려고 하여서

◯ 글의 내용 추론하기

6 왕건이 다음과 같은 정책을 편 까닭을 알맞게 말한 사람의 이름을 쓰시오.

> 　왕건은 고려를 세운 이후 백성들이 농작물을 수확하면 생산량의 10분의 1 정도만 세금으로 걷을 수 있도록 하였습니다. 그리고 '흑창'을 만들어서 봄에 곡식이 없거나 큰 재난이 닥쳤을 때에 백성들에게 곡식을 빌려주고 가을에 추수를 하면 갚도록 하였습니다. 또한 연등회나 팔관회와 같은 불교 행사를 성대하게 열었습니다.

> 소율: 백성들의 마음을 얻고 안정과 통합을 이루기 위해서야.
> 이준: 고구려의 뜻을 이어받아서 북쪽의 영토를 많이 차지하기 위해서야.
> 건우: 지방 출신인 호족이 중앙의 높은 관직에 오를 수 있도록 하기 위해서야.

(　　　　　　　　)

후삼국 통일에 대해 알아볼까요?

≫ 왕건의 후삼국 통일에 대한 글을 읽었습니다. 빈칸에 들어갈 말을 [보기]에서 찾아 써 넣으며 글 내용을 정리해 봅시다.

┌─ 보기 ─────────────────────────────────┐
│   신라   공산   고려   견훤   │
│   후백제   궁예   고창   후고구려 │
└──┘

4
일

1
주

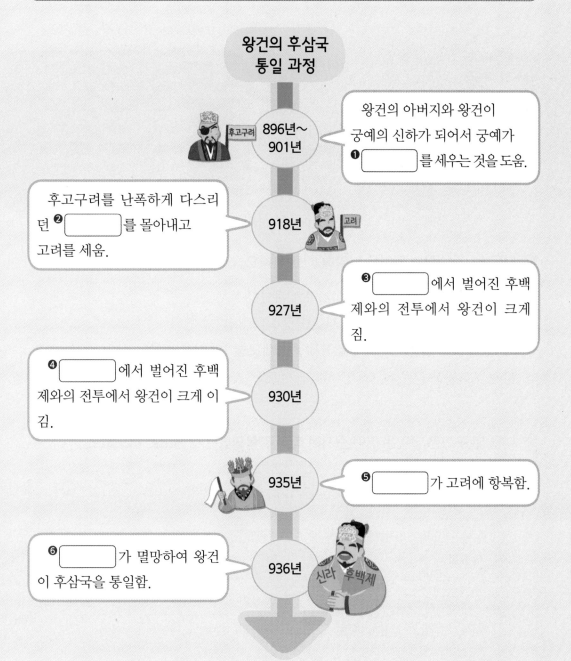

왕건의 후삼국 통일 과정

896년~901년
왕건의 아버지와 왕건이 궁예의 신하가 되어서 궁예가 ❶[   ]를 세우는 것을 도움.

918년
후고구려를 난폭하게 다스리던 ❷[   ]를 몰아내고 고려를 세움.

927년
❸[   ]에서 벌어진 후백제와의 전투에서 왕건이 크게 짐.

930년
❹[   ]에서 벌어진 후백제와의 전투에서 왕건이 크게 이김.

935년
❺[   ]가 고려에 항복함.

936년
❻[   ]가 멸망하여 왕건이 후삼국을 통일함.

●● 우리말은 두 개의 낱말을 합쳐서 하나의 낱말을 만들 때 일정한 순서가 있어요. 어떤 순서에 따라 낱말이 하나가 되는지 살펴볼까요?

1 다음 (　　) 안의 알맞은 낱말에 ○표 하시오.

(1) 장군은 (**벌상 / 상벌**)을 엄격하게 하였다.
(2) 여행을 가서 (**이곳저곳 / 저곳이곳**)을 돌아다녔다.
(3) 옆집 개가 짖는 것은 (**오늘어제 / 어제오늘**)의 문제가 아니다.

2 다음 밑줄 그은 낱말은 어떤 순서에 따라 결합되었는지 선으로 이으시오.

(1) 마음에 <u>선악</u>이 함께 있다. ・　　　　　　・① 앞+뒤

(2) 나는 <u>요리조리</u> 술래를 피해 다녔다. ・　　　　　　・② 긍정+부정

(3) <u>내일모레</u> 끝날 일이 아니니 서두르지 말고 천천히 하렴. ・　　　　　　・③ 가까움+멂

사회

정치 | 경제 | 문화 | **사회문제** | 지리

줄어드는 아이들, 저출산 사회

배경지식의 힘

QR을 찍어 동영상을 보고
고령화와 저출산에 대해 알아봅시다.

고령화_저출산 | # 65세_이상 | # 아이_적게_낳음 | # 대책

5
일

1
주

▶ 동영상을 보고 알맞은 것에 ✔ 하세요.

▶ 정답 6쪽

1 총인구 중 65세 이상의 인구가 차지하는 비율이 7퍼센트 이상인 사회를 무엇이라고 하나요?

㉠ 고령화 사회 ☐
㉡ 저출산 사회 ☐

2 고령화 사회의 문제점으로 알맞지 <u>않은</u> 것은 무엇인가요?

㉠ 노인을 위한 복지가 부족합니다. ☐
㉡ 노인 일자리가 없어서 경제적인 어려움을 겪습니다. ☐
㉢ 다른 나라의 문화에 대한 편견이나 차별이 생깁니다. ☐

3 저출산 사회의 문제점으로 알맞은 것은 무엇인가요?

㉠ 젊은 노동력이 줄어듭니다. ☐
㉡ 노년층을 부양하는 부담이 적어집니다. ☐

4 고령화 사회, 저출산 사회에 대한 대책으로 알맞은 것은 무엇인가요?

㉠ 정부의 지원을 줄입니다. ☐
㉡ 출산 장려 제도를 실시합니다. ☐

사회 ──○ 줄어드는 아이들, 저출산 사회

저출산은 태어나는 아이의 수가 줄어드는 것을 말해. 저출산 현상이 나타날 때 '출산율이 낮다'고도 말할 수 있어. ㉠우리나라도 저출산 사회에 들어섰어.

저출산 현상이 나타나는 이유는 여러 가지가 있어. 남성과 여성이 처음 결혼하는 나이가 늦어지면서 첫아기의 출산이 늦어지게 되고 이것은 낮은 출산율로 이어지지. 또 여성의 경제 활동 참여율은 높아졌지만 일과 육아를 같이 하기가 어려운 현실도 저출산의 원인이지. 그리고 아이를 키우는 데 따른 생활비 및 교육비 증가도 저출산의 원인이야.

▲ 저출산

저출산 현상이 문제가 되는 이유는 무엇일까? 사회를 유지하기 위해서는 **경제 활동**을 해야 하는데 저출산 현상이 지속되면 경제 활동 인구가 줄어들기 때문이야. 그리고 경제 활동을 할 수 있는 **청장년층**이 줄어들면서 노동력이 부족하게 되고 이 때문에 경제 성장에도 문제가 될 수 있어. 또한 노년층을 **부양**하기 위한 복지 비용이 늘어나는 데 비해, 걷을 수 있는 세금이 줄어들게 되는 문제점도 생기지.

㉡정부는 저출산 문제를 해결하기 위해 여러 가지 정책을 펼치고 있어. 아이를 낳고 키우는 가정에 **재정적인** 지원을 하고 아이를 낳은 여성에 대한 취업 기회를 늘리고 있어. 엄마 혼자만 아이를 키우는 일에 힘을 쏟지 않도록 하기 위해 엄마와 아빠의 **육아 휴직**을 확대하거나 직장 내 육아 시설 **확충**을 하고 있지. 저출산 문제를 해결하기 위해서는 아이를 낳고 키우는 데 어려움이 없도록 꾸준한 지원을 하고 사회 문화적인 분위기를 만들어 나가는 노력이 필요해.

📖 어휘 풀이

- **경제 활동**: 물건을 만들어 팔거나 사고, 돈을 벌거나 쓰는 등 경제와 관련된 모든 행동.
- **청장년층**: 15세에서 64세까지의 인구.
- **부양**: 생활 능력이 없는 사람의 생활을 돌봄.
- **재정적인**: 돈에 관한 여러 가지 일과 관련된.
- **육아 휴직**: 회사에서 돈을 받으면서도 일정한 기간 동안 쉬면서 아이를 키울 수 있는 제도.
- 확충: 늘리고 넓혀 알차고 단단하게 함.

○ 확충의 한자

넓힐 확   채울 충

▶ 넓히어 충실하게 채움.
　예 교육 시설 **확충**이 필요하다.

1 ㉠ 문장에 대한 설명으로 알맞지 <u>않은</u> 것의 번호를 쓰시오.

> ① '주어+부사어+서술어'로 짜여진 문장이다.
> ② '저출산 사회에'라는 말이 빠져도 문장 이해에 어려움이 없다.
> ③ '들어서다'에는 '어떤 상태나 시기가 시작되다.'라는 뜻이 있다.

(   )

> **문해력 tip** 필수적 부사어
>
> 어떤 서술어는 그 부사어를 반드시 필요로 할 때가 있어요. 이런 부사어를 '필수적 부사어'라고 불러요.

○ 문장을 알맞게 끊어 읽기

2 ㉡ 문장을 주어, 목적어, 서술어를 생각하며 가장 알맞게 끊어 읽은 것은 어느 것입니까? ─────── (   )

① 정부는/ 저출산 문제를 해결하기 위해 여러 가지 정책을 /펼치고 있어.

② 정부는 저출산/ 문제를 해결하기 위해 여러 가지 정책을/ 펼치고 있어.

③ 정부는/ 저출산 문제를/ 해결하기 위해 여러 가지 정책을 펼치고 있어.

④ 정부는 저출산 문제를 해결하기 위해 여러 가지/ 정책을/ 펼치고 있어.

⑤ 정부는 저출산 문제를 해결하기 위해 여러 가지 정책을/ 펼치고/ 있어.

> **문해력 tip** 문장 성분을 중심으로 끊어 읽기
>
> 주어, 목적어, 서술어는 낱말로 이루어지는 경우도 있지만 둘 이상의 낱말이 모여서 이루어지는 경우도 있습니다.

5일 1주

○ 문장 성분 찾기

3 다음 글의 밑줄 그은 문장에서 주어, 부사어, 서술어를 찾아 쓰시오.

> 저출산 사회와 더불어 문제가 되는 것은 고령화 사회이다. 고령화 사회는 노인의 인구 비율이 높은 사회이다. 태어나는 사람의 수가 적어지고 의학 기술의 발달로 평균 수명이 늘면서 <u>고령화 사회가 급속히 진행되고 있다.</u>
> 고령화 사회에서는 노동력이 부족하고, 노인을 부양하기 위한 청장년층의 부담도 높아진다.

(1) 주어: (   )

(2) 부사어: (   )

(3) 서술어: (   )

기본 구조는 '무엇이 + 어찌하다'로 된 문장이에요.

○ 글의 내용 파악하기

4 저출산 현상이 나타나는 이유로 알맞은 것은 어느 것입니까? ············· (   )

① 의학 기술이 발달하였다.

② 공공 교육 서비스가 늘어났다.

③ 처음 결혼을 하는 나이가 빨라졌다.

④ 집이 많아지고 집의 가격이 낮아졌다.

⑤ 여성의 경제 활동 참여율은 높아졌지만 일과 육아를 같이 하기가 어렵다.

5 저출산 현상이 문제가 되는 까닭으로 알맞지 <u>않은</u> 것은 무엇입니까? ············· (   )

① 노동력이 부족해진다.

② 경제 성장이 빨라진다.

③ 경제 활동 인구가 줄어든다.

④ 걷을 수 있는 세금이 줄어든다.

⑤ 노년층 부양을 위한 복지 비용이 늘어난다.

○ 글의 내용 추론하기

6 다음 신문 기사의 일부분을 읽고 떠올릴 수 있는 내용으로 알맞지 <u>않은</u> 것의 기호를 쓰시오.

> 올해 ○○○○ 지역에서는 초등학교 돌봄 교실을 확대함과 동시에 어린이들에게 건강 도시락을 제공하기로 하였다. 저소득층 가정과 맞벌이 부부의 자녀를 대상으로 하고 있으며 여러 효과를 볼 수 있을 것으로 기대된다.

> ㉮ 한 교실에서 공부하는 학생의 수가 줄어들 것이다.
> ㉯ 맞벌이 부부가 육아에 대한 부담을 덜 수 있을 것이다.
> ㉰ 건강 도시락을 만들고 학교에 공급할 수 있어 지역 경제 기능이 활발해지게 될 것이다.

(   )

저출산 사회에 대해 알아볼까요?

≫ 저출산 사회에 대한 글을 읽었습니다. 빈칸에 들어갈 말을 [보기]에서 찾아 써넣으며 글 내용을 정리해 봅시다.

┌ 보기 ┐
결혼	재정적	육아 휴직	작은 학교
경제 성장	노동력	복지 비용	교육비

저출산 사회

원인
• 처음 ❶[　　　]하는 나이가 늦어지면서 첫아기의 출산이 늦어짐.
• 아이를 키우는 데 따르는 생활비 및 ❷[　　　] 증가

문제점
• 청장년층이 줄어들면서 ❸[　　　]이 부족하게 됨.
• 노년층을 부양하기 위한 ❹[　　　]이 늘어나게 됨.

해결 방안
• 아이를 낳고 키우는 가정에 ❺[　　　]인 지원을 함.
• 맞벌이 부부의 ❻[　　　]을 확대하거나 육아 시설을 확충함.

'출산율'과 '출산률', '생산양'과 '생산량' 중에서 무엇이 바르게 쓴 낱말일까요? '-율'과 '-률', '-양'과 '-량'을 헷갈리지 않게 쓰는 방법을 알아보아요.

'-율'과 '-률': 명사 뒤에 붙어서 '법칙' 또는 '비율'의 뜻을 나타냄.

-율: 앞말의 끝이 모음이나 'ㄴ' 받침으로 끝나는 경우
예 환율, 이율, 백분율, 출산율

-률: 앞말의 끝이 'ㄴ'이 아닌 다른 받침으로 끝나는 경우
예 합격률, 출석률, 상승률, 수익률, 도덕률

'-양'과 '-량': 명사 뒤에 붙어서 '분량'이나 '수량'의 뜻을 나타냄.

-양: 앞말이 고유어나 외래어인 경우
예 설거지양, 빨래양, 비타민양, 칼로리양

-량: 앞말이 한자어인 경우
예 강수량, 생산량, 사용량, 물건량

---

1 바르게 쓴 낱말을 모두 찾아 ○표 하시오.

이율	빨래양	출산율	강수량
합격율	백분률	설거지량	칼로리양

2 다음 (   ) 안에 '율', '률', '양', '량' 중에서 알맞은 글자를 써넣어 낱말을 완성하시오.

(1) 환(   ): 자기 나라 돈과 다른 나라 돈을 바꿀 때의 비율.

(2) 먹이(   ): 동물에게 주는 먹이의 분량.

(3) 도덕(   ): 바른 행동을 할 때 기준이 되는 법칙.

(4) 생산(   ): 일정한 기간 동안 물건이 만들어지는 수량.

2주

지시어 읽기

문해력이 뛰어난 사람은 어떻게 읽을까?

문해력이 뛰어난 사람은 문장을 기능적으로 읽어요. 문장에 쓰인 어휘들이 어떠한 역할을 하는지 알고 읽기 때문에 글을 읽는 속도도 빠르고 이해력도 더 뛰어나요. 지시어는 어떠한 기능과 역할을 하고 그 의미를 손쉽게 찾을 수 있는 방법은 무엇인지 공부해 보아요.

2주에 공부할 내용

문해력

지시어 읽기

이런 친구들을 위한
문해력 솔루션! ➕

- 문장에서 '이것', '그것'이 무엇을 말하는지 모른다.
- 앞에서 읽은 내용을 금방 잊어버린다.
- 앞뒤 문장을 연결해서 이해하는 것이 힘들다.

도대체 '이것'이 뭐야? 뭘 말하는 거지?

● 지시어란 무엇일까?

파란색 낱말 '여기'가 무엇을 말하는지 생각하며 다음 글을 읽어 보세요.

> 만두를 삶는 동안 양념장을 준비합니다. 간장 세 스푼, 식초 한 스푼, 고춧가루 한 스푼, 설탕 한 스푼을 그릇에 넣고 잘 섞어 줍니다. 여기에 다진 마늘과 파를 넣으면 더 좋습니다.

여기?

'지시'는 '가리키다'라는 뜻이에요. 그래서 지시어는 '가리키는 말'이라고도 해요.

'여기'는 바로 앞에서 이야기한 대상을 가리키는 말이에요.
양념장을 준비하는데, 앞 문장에서 간장, 식초, 고춧가루, 설탕을 그릇에 넣고 잘 섞어 준다고 하였어요. 바로 '여기'에 다진 마늘과 파를 넣으면 좋다는 문장이 이어지고 있지요. 그래서 이 문장의 '여기'는 앞 문장에서 말한, 〈갖은 양념을 넣고 잘 섞어 준 것〉을 말해요.

> 간장 세 스푼, 식초 한 스푼, 고춧가루 한 스푼, 설탕 한 스푼을 그릇에 넣고 잘 섞어 줍니다.

> 여기에 다진 마늘과 파를 넣으면 더 좋습니다.

갖은 양념을 넣고
잘 섞어 준 것

간장 식초 고춧가루
설탕

재료를 넣고

섞어 줍니다

여기!

지시어란 '여기'와 같이, 앞에서 말한 대상이나
내용을 가리키는 말이에요.

여러 가지 지시어

대화에서 지시어

이것 / 여기	말하는 이에게 가까이 있는 것 / 곳
그것 / 거기	듣는 이에게 가까이 있는 것 / 곳
저것 / 저기	말하는 이와 듣는 이로부터 멀리 떨어져 있는 것 / 곳

대화는 상대와 주고받는 말이기 때문에 지시어도 상대와의 거리나 관계에 따라 달라져요.

문장에서 지시어

이 이것 그 그것 여기 거기	앞에서 이미 이야기한 대상이나 장소, 앞에서 이미 이야기 한 내용.
이렇게 그렇게	앞에서 말한 것처럼 / 앞에서 말한 것과 같이

문장에서 지시어는 모두 앞에서 이미 이야기하거나 나온 것들을 가리켜요. 따라서 문장의 지시어가 무엇인지 찾으려면 앞에 나온 내용을 떠올려야 해요.

그것   리코더

선희는 책상 위에 있던 **리코더**를 집어 들었다. **그것**은 선희가 2학년 때 아버지께서 사 주신 것이었다.
선희는 **리코더의 머리 부분**을 보았다. **거기**에는 자잘한 **여러 개의 흠집**이 나 있었다. **이**는 선희가 리코더를 배울 때 소리가 마음먹은 대로 나오지 않으면 이로 깨물었던 흔적이었다.

거기

리코더의
머리 부분

이   여러 개의 흠집

지시어의 의미를 생각하며 읽기

문장에서 지시어를 읽을 때는 그 지시어가 앞에서 말한 어떤 대상을 가리키는지, 어떤 내용을 가리키는지 구분하며 읽어요.

대상을 가리키는 예	영희는 종이비행기를 던졌다. 그것은 원을 그리며 날았다.
내용을 가리키는 예	종이비행기는 원을 그리며 날았다. 이를 보고 아이들이 박수를 쳤다.

그것: 종이비행기

이: 종이비행기가 원을 그리며 난 것

그리고 다음과 같이 지시어가 있을 때 지시어와 관련된 내용을 앞부분에 표시를 하며 읽으면 지시어가 있는 문장을 이해하는 데 도움이 된답니다.

눈이 쌓인 도로에는 제설차가 염화 칼슘을 뿌린다. 눈 위에 뿌려진 그것은 주변의 습기를 흡수하여 눈이 녹게 된다.

그것: 염화 칼슘

고기는 약한 불에서 천천히 뒤적이며 익힙니다. 이렇게 익히면 고기의 어느 부분만 타지 않고 골고루 잘 익힐 수 있습니다.

이렇게: 약한 불에서 천천히 뒤적이며

확인 문제 1　지시어의 의미를 파악하며 읽기　▶ 정답 7쪽

◇ 다음 글에서 밑줄 그은 지시어가 무엇을 가리키는지 쓰시오.

(1) 우리 집 로봇 청소기는 쉬지 않고 일을 합니다. 가끔 그것은 밤에도 청소를 해서 나의 잠을 깨우기도 합니다.

그것 ▶ ＿＿＿＿＿＿＿＿

(2) 나그네는 밤길을 걷다가 불빛이 흘러나오는 동굴을 발견했다. 그곳에는 웬 그릇들이 가득 놓여 있었다.

그곳 ▶ ＿＿＿＿＿＿＿＿

문해력 솔루션!　| 지시어의 의미를 파악하며 읽기

▶ 이(이것), 그(그것)와 같은 지시어는 앞에서 이미 나온 것을 가리킨다.
▶ 이(이것), 그(그것)가 가리키는 의미를 앞 문장에서 찾아 표시하며 읽자.

● 다음 글에서 밑줄 그은 지시어가 가리키는 것을 찾아 ∨표 하시오.

(1) 식물이 영양분을 얻는 방법은 광합성이다. <u>이것</u>에는 반드시 햇빛이 필요하다.

㉠ 햇빛 ☐   ㉡ 영양분 ☐   ㉢ 광합성 ☐

지시어 대신 들어갈 수 있는 말을 찾아보아요!

(2) 지구 표면의 70%는 물로 덮여 있다. 그러나 <u>이</u> 중 사람이 마실 수 있는 물은 0.3%에 불과하다.

㉠ 지구 표면 ☐   ㉡ 지구 표면의 물 ☐   ㉢ 마실 수 있는 물 ☐

● **불과하다** 그만큼의 수량이나 수준을 넘지 않는다.

(3) 팔만대장경에는 민중의 간절한 뜻이 담겨 있다. <u>그것</u>은 부처의 힘으로 외세를 물리치고자 하는 바람이다.

㉠ 부처의 힘 ☐   ㉡ 팔만대장경 ☐   ㉢ 민중의 간절한 뜻 ☐

(4) 노동을 하면 대가를 얻는다. <u>이것</u>은 사람이 노동을 하는 가장 기본적인 이유이다.

㉠ 기본적인 이유 ☐
㉡ 노동을 하는 것 ☐
㉢ 노동을 하면 대가를 얻는 것 ☐

때로 지시어는 앞 문장의 내용 전체를 가리키기도 해요.

(5) 마늘을 반나절 동안 물에 담가 둔다. <u>이렇게</u> 하면 마늘 껍질을 보다 쉽게 벗길 수 있다.

㉠ 반나절 동안 ☐
㉡ 마늘 껍질을 보다 쉽게 벗길 수 있다 ☐
㉢ 마늘을 반나절 동안 물에 담가 두는 것 ☐

• <u>사람은 모두 죽는다</u>. 이것은 어쩔 수 없는 사실이다.

사회

일과 삶의 균형, 워라밸

QR을 찍어 동영상을 보고
여가 생활에 대해 알아봅시다.

2
일

2
주

할아버지, **옛날**에는
뭐 하면서 놀았어요?

🖐 여가_생활 | # 남는_시간 | # 문화_시설 | # 여유

▶ 동영상을 보고 알맞은 것에 ✓ 하세요.

▶ 정답 8쪽

1 옛날 여가 생활에 대한 설명으로 알맞은 것은 무엇인가요?

㉠ 전자 기기를 이용한 여가 생활을 많이 즐겼습니다. ☐

㉡ 의식주가 풍요롭지 않아 여가 생활을 즐기기 어려웠습니다. ☐

2 옛날 놀잇감의 특징으로 알맞은 것은 무엇인가요?

㉠ 주로 외국에서 수입하였습니다. ☐

㉡ 자연에서 얻은 재료를 활용하였습니다. ☐

3 옛날과 오늘날의 여가 생활이 바뀐 것에 큰 영향을 준 것은 무엇인가요?

㉠ 경제 발전 ☐

㉡ 군사력 증가 ☐

4 오늘날의 여가 생활에 대한 설명으로 알맞은 것은 무엇인가요?

㉠ 여가 생활을 즐기는 방법이 제한적입니다. ☐

㉡ 여가 생활을 즐길 만한 문화 시설이 풍부합니다. ☐

사회 — 일과 삶의 균형, 워라밸

'워라밸'은 '일과 삶의 **균형**'이라는 뜻으로 'Work-life balance(워크-라이프 밸런스)'의 줄임 말입니다. 워라밸은 직장 같은 곳에서 하는 일과 개인적인 일상생활 사이의 균형을 표현하는 말입니다.

일을 하고 돈을 많이 받더라도 일이 많고 힘들거나 **퇴근** 후에 전화나 **SNS**로 일 지시를 받고, **야근**이 많거나 휴가를 쓸 수 없게 되는 경우가 있습니다. ㉠이렇게 되면 개인적인 생활을 할 시간이 없어지거나 줄어들게 됩니다. 그래서 요즘에는 직장이나 직업을 선택할 때 워라밸을 중요하게 생각합니다.

퇴근 후의 자유로운 시간에는 여가 생활을 하거나 가족이나 친구들과 지냅니다. ㉡이것은 자신에게 주어진 시간을 가치 있게 쓰고 있다고 여기게 만들어 행복을 느끼게 하여 삶의 질을 높아지게 합니다.

워라밸은 개인뿐 아니라 기업에도 많은 도움이 됩니다. 되도록 야근을 하지 않고 정해진 시간에 퇴근을 해야 하기 때문에 업무 시간에 **집중해서** 일을 하게 됩니다. 불필요한 회의를 줄이고 필요한 회의만 짧게 효과적으로 하게 됩니다. 휴가 사용을 활발하게 하면 휴가를 다녀온 직원들은 몸과 마음이 가뿐해져서 더 일을 잘하게 됩니다. [㉢] 결국 기업의 생산성을 높이고 우수한 직원이 회사를 사랑하는 마음으로 계속 다니게 하는 효과를 줍니다.

어른에게만 워라밸이 있는 것은 아닙니다. 학생들도 공부와 삶의 균형이 필요합니다. 건강을 위해 운동을 하거나 자신이 좋아하는 악기를 연주하면서 여가 생활을 보냅니다. 친구들과 즐거운 놀이를 하든지 혼자서 책을 읽든지 할 수도 있습니다. 이렇게 놀거나 쉬면서 시간을 보내면 공부를 더욱 집중해서 할 수 있고 기억력도 높아진다고 합니다.

📖 어휘 풀이

• **균형**: 어느 한쪽으로 기울거나 치우치지 않고 고른 상태.
○ **퇴근**: 일터에서 일을 하던 것을 마치고 돌아가거나 돌아옴.
• **SNS**: 사람들 사이에 정보를 공유할 수 있도록 제공되는 온라인 서비스.
• **야근**: 퇴근 시간이 지나 밤늦게까지 하는 일.
　　예 오늘 야근이라서 집에 늦게 들어갈 거야.
• **집중해서**: 한 가지 일에 모든 힘을 쏟아부어서.
　　예 숙제를 집중해서 해서 얼른 끝내렴.

○ 출근, 퇴근, 야근

出 날 출
退 물러날 퇴
夜 밤 야
일하러 감.
勤 일할 근

1 ㉠'이렇게'가 가리키는 것으로 알맞지 <u>않은</u> 것은 무엇입니까? (　　　)

① 야근이 많게
② 휴가를 쓸 수 없게
③ 일이 많거나 힘들게
④ 일을 하고 돈을 많이 받게
⑤ 퇴근 후에 전화나 SNS로 일 지시를 받게

> **문해력 tip　지시어란?**
>
> 지시어는 앞 문장에서 말한 것을 뒤에서는 짧은 말로 지시하여 똑같은 말이 불필요하게 되풀이되는 것을 피할 수 있게 해 줍니다.

○ 지시어의 의미 파악하기

2 ㉡'이것'이 가리키는 내용을 알맞게 쓰시오.

_____

_____

> 앞에서 말한 어떤 내용을 가리키는지 생각하면서 읽어요.

○ 알맞은 지시어 사용하기

3 [㉢]에 알맞은 말은 무엇입니까?·········(　　　)

① 그　　　② 여기　　　③ 저런
④ 이러한　　⑤ 이것은

> **문해력 tip　여러 가지 지시어**
>
> 지시어에는 여러 가지가 있습니다. 빈칸에 지시어를 넣어 보고 문장 흐름이 부드럽게 이어지는 것을 찾습니다.

4 다음 밑줄 그은 '이것'이 가리키는 것을 찾아 쓰시오.

> '스라밸'이라는 말을 들어 봤니? <u>이것</u>은 '워라밸'에 이어서 나온 말이야. '공부와 삶의 균형'이라는 뜻으로 'Study-life balance(스터디-라이프 밸런스)'의 줄임 말이지. 학생들도 공부와 휴식의 균형이 필요한 거야.

(　　　　　　　)

● 글의 내용 추론하기

5 글을 읽고 판단할 수 있는 내용으로 알맞은 것은 무엇입니까? ·············· (   )

① 워라밸은 저출산의 해결 방안으로 알맞지 않다.

② 워라밸은 과거에 중요하게 생각되었던 가치이다.

③ 워라밸이 좋은 회사에 들어가려는 사람들이 적다.

④ 워라밸은 여가 생활을 통해 삶을 즐기는 것을 중요하게 생각한다.

⑤ 일을 하지 않으면 초조하거나 불안한 사람들이 워라밸을 추구한다.

● 글의 내용 파악하기

6 워라밸이 기업에게 주는 도움으로 알맞지 <u>않은</u> 것은 무엇입니까? ·············· (   )

① 기업의 생산성을 높인다.

② 업무 시간에 집중해서 일을 하게 된다.

③ 업무 지시를 길고 복잡하게 할 수 있다.

④ 필요한 회의만 짧게 하여 효율성을 높인다.

⑤ 우수한 직원이 회사를 떠나게 되는 일을 막는다.

● 대화 내용 평가하기

7 다음 대화에서 워라밸을 추구하는 직원이 <u>아닌</u> 사람을 찾아 쓰시오.

퇴근 후에 운동을 하니까 건강해지고 다음 날 출근해서도 활기차게 일할 수 있어요.

퇴근 후에 SNS로 업무 지시를 하니까 다음 날 출근해서 빨리 일을 시작할 수 있어서 좋아요.

업무 시간에 딴짓을 하지 않고 집중해서 일을 하고 정시에 퇴근을 하니까 집에 가서 아이를 돌볼 수 있는 시간이 많아져요.

직원 가   직원 나   직원 다

(   )

내용 구조화

▶ 정답 8쪽

워라밸은 무엇일까요?

>> 워라밸에 대한 글을 읽었습니다. 빈칸에 들어갈 말을 [보기]에서 찾아 써넣으며 글 내용을 정리해 봅시다.

보기

| 생산성 | 융합 | 여가 생활 | 직원 |
| 휴가 | 균형 | 행복 | 주거 생활 |

뜻 ····o 일과 삶의 ❶ [　　　]

워라밸 o···· **좋은 점**

개인
❷ [　　　]을 느껴서 삶의 질이 높아짐.

기업
• ❸ [　　　]이 높아짐.
• 우수한 ❹ [　　　]이 회사를 사랑하는 마음으로 계속 다니게 함.

모습 ····o
• 퇴근 후의 자유로운 시간에는 ❺ [　　　]을 하거나 가족이나 친구들과 지냄.
• ❻ [　　　] 사용을 활발하게 해서 자유롭게 휴가를 다녀옴.

4단계 A | 2주 • **47**

'-던지'와 '-든지'

▶ 정답 8쪽

● '-던지'와 '-든지'를 어떻게 구분하여 쓰는 것이 좋을까요? '-던지'와 '-든지'의 올바른 쓰임을 알아보아요.

-던지	-든지
지난 일을 막연히 떠올리거나 판단하여, 문장을 이어 줄 때 • 어제는 어찌나 춥던지 발이 꽁꽁 얼었다. • 얼마나 먹었던지 배가 불렀다.	물건이나 일의 내용을 가리지 않을 때 • 춥든지 덥든지 오늘은 꼭 가야 해. • 가든지 말든지 네 마음대로 하렴. • 무엇을 하든지 최선을 다할 거야.

1 다음 밑줄 그은 표현이 알맞은 것을 모두 찾아 ○표 하시오.

(1) 빵이던지 밥이던지 알아서 먹겠다. ( )
(2) 얼마나 울었든지 눈이 퉁퉁 부었다. ( )
(3) 숙제를 하든지 텔레비전을 보든지 하나만 하렴. ( )
(4) 학교에 얼마나 빨리 왔던지 교실에 아무도 없었다. ( )

2 다음 ( ) 안에 알맞은 말을 줄로 이으시오.

(1) 친구들은 놀이가 재미있었( ) 또 하자고 말했다. •

(2) 어떤 것을 그리( ) 일단 시작부터 하자. •

• ① 던지

• ② 든지

과학

영양분과 산소를 만드는 식물의 광합성

QR을 찍어 동영상을 보고
광합성에 대해 알아봅시다.

엽록소,
넌 누구니?

광합성 | # 햇빛 # 이산화_탄소 # 양분_산소

▶ 동영상을 보고 알맞은 것에 ✔ 하세요.

▶ 정답 9쪽

1 식물에서 광합성이 이루어지는 곳은 어디인 가요?

㉠ 잎 ☐
㉡ 줄기 ☐
㉢ 뿌리 ☐

2 광합성을 할 때 필요한 것은 무엇인가요?

㉠ 비료 ☐
㉡ 햇빛 ☐

3 광합성을 하면 만들어지는 것은 무엇인가요?

㉠ 산소 ☐
㉡ 이산화 탄소 ☐

4 식물이 광합성을 하는 까닭은 무엇인가요?

㉠ 영양분을 만들기 위해서입니다. ☐
㉡ 동물의 먹이가 되지 않기 위해서입니다. ☐

과학 ○ 영양분과 산소를 만드는 식물의 광합성

키워드 Q
• 광합성
• 영양분

	쉬움	보통	어려움
제재			
어휘			
문장			

동물이 숨을 쉴 수 있는 이유는 공기 중에 산소가 있어서예요. **초식 동물**이 식물을 먹고 살 수 있는 것은 식물에 **영양분**이 있어서고요. 식물이 산소와 영양분을 만들 수 있는 것은 광합성을 하기 때문이에요.

광합성을 하기 위해서는 먼저 햇빛과 같은 빛 에너지가 필요해요. 빛을 받아들이는 곳은 잎에 있는 엽록체 안의 엽록소예요. 식물의 잎에 들어 있는 녹색 알갱이가 엽록체이고, ㉠이 속에 엽록소가 있어요. 엽록소는 녹색 색소로 ㉡여기에서 빛 에너지를 받아들여요. 식물의 잎이 넓고 납작한 까닭은 엽록소에서 빛 에너지를 많이 받아들이기 위해서지요.

광합성을 하기 위해서는 물과 이산화 탄소도 필요해요. 물은 뿌리에서 빨아들여서 줄기를 통해 잎까지 올라와요. 이산화 탄소는 잎에 있는 '기공'이라는 작은 구멍을 통해 들어오지요.

㉢이렇게 엽록소에서 물, 이산화 탄소가 만나고 빛 에너지를 받으면 광합성이 일어나요. 광합성이 일어나면 **포도당**, 산소, 물이 만들어지지요. 포도당은 더 큰 분자인 **녹말**과 같은 영양분으로 만들어져서 줄기를 통해 식물 전체로 옮겨져요. ㉣이것은 식물이 자라고 잎을 더 많이 만들고 꽃을 피우고 열매를 맺는 데 쓰이지요. 산소는 기공을 통해 밖으로 나가거나 식물 스스로 숨을 쉬는 데 쓰지요. 물은 다시 광합성에 사용되거나 **수증기**로 바뀌어서 기공을 통해 밖으로 나가요. 수증기가 빠져나갈 때에는 열도 함께 빠져나가기 때문에 주변의 온도가 낮아지지요. ㉤이 때문에 나무가 많은 숲이 도시보다 시원한 것이랍니다.

▲ 광합성 작용

📖 어휘 풀이

○ 초식 동물: 식물을 주로 먹고 사는 동물.
• 영양분: 생물이 살아가는 데 필요한 힘을 얻을 수 있는 물질.
• 포도당: 여러 가지 당 중에서 가장 기본적인 것으로, 몸에 필요한 힘을 내는 데 쓰임.
• 녹말: 뿌리, 줄기, 씨앗 등에 저장되는 탄수화물.
• 수증기: 기체 상태의 물. 색깔과 냄새가 없음.

○ 먹이에 따른 동물의 분류

초식 동물
식물을 먹는 동물

육식 동물
고기를 먹는 동물

잡식 동물
가리지 않고 다 먹는 동물

1 ㉠과 ㉡이 가리키는 내용을 쓰시오.

(1) ㉠: (   )

(2) ㉡: (   )

● 지시어가 가리키는 내용 파악하기

2 ㉢'이렇게'가 가리키는 내용으로 알맞지 <u>않은</u> 것의 번호를 쓰시오.

① 식물이 산소와 영양분을 만들어
② 이산화 탄소는 기공을 통해 들어와
③ 뿌리에서 빨아들여진 물이 줄기를 통해 잎까지 올라와

(   )

광합성을 하기 위해 필요한 물질들이 '어떻게' 만나는지 살펴보세요.

3
일

2
주

3 ㉣'이것'이 가리키는 것으로 알맞은 것은 어느 것입니까? ····· (   )

① 물   ② 이산화 탄소
③ 열과 수증기   ④ 녹말과 같은 영양분
⑤ 햇빛과 같은 빛 에너지

4 ㉤'이'가 가리키는 내용으로 알맞은 것에 ○표 하시오.

(1) 뿌리에서 영양분을 빨아들이기   (   )

(2) 줄기를 통해 만든 영양분을 운반하기   (   )

(3) 수증기가 빠져나갈 때 열도 함께 빠져나가면서 주변의 온도가 낮아지기   (   )

○ 글의 내용 파악하기

5 이 글을 읽고 알 수 있는 내용으로 알맞지 <u>않은</u> 것은 어느 것입니까? ·············· (   )

① 광합성은 잎에 있는 엽록소에서 일어난다.

② 광합성을 하면 물, 산소, 영양분이 만들어진다.

③ 광합성으로 만들어진 영양분은 식물이 자라는 데 사용된다.

④ 광합성을 하기 위해서는 물, 이산화 탄소, 빛 에너지가 필요하다.

⑤ 광합성을 통해 만들어진 영양분은 뿌리를 통해 식물 곳곳으로 이동한다.

○ 핵심 낱말 파악하기

6 빈칸에 알맞은 말을 [보기]에서 찾아 쓰시오.

┌ 보기 ┐
| 기공 | 물관 | 광합성 | 수증기 | 엽록소 |

(1) 식물이 산소와 영양분을 만드는 것은 ☐☐☐ 을 하기 때문이다.

(2) 잎에 있는 ☐☐ 을 통해 이산화 탄소가 들어오고 산소가 빠져나간다.

(3) 식물의 잎이 넓고 납작한 까닭은 ☐☐☐ 에서 빛 에너지를 많이 받아들이도록 하기 위해서이다.

○ 글의 내용 추론하기

7 밑줄 그은 부분에 들어갈 내용으로 알맞은 것의 기호를 쓰시오.

> 광합성은 30℃~40℃의 온도에서 활발하게 일어나요. 그리고 빛의 세기가 강할수록 광합성의 양이 늘어나기는 하지만, 일정 수준 이상 빛의 세기가 강해지면 광합성의 양에 변화는 없어요. 이와 마찬가지로 _____ 광합성의 양이 늘어나기는 하지만, 일정 수준 이상 많아지면 광합성의 양에 변화가 없답니다.

> ㉮ 공기 중에 산소가 많을수록
> ㉯ 뿌리에서 물을 적게 빨아들일수록
> ㉰ 공기 중에 이산화 탄소가 많을수록

(   )

식물의 광합성에 대해 알아볼까요?

» 식물의 광합성에 대한 글을 읽었습니다. 빈칸에 들어갈 말을 [보기]에서 찾아 써넣으며 글 내용을 정리해 봅시다.

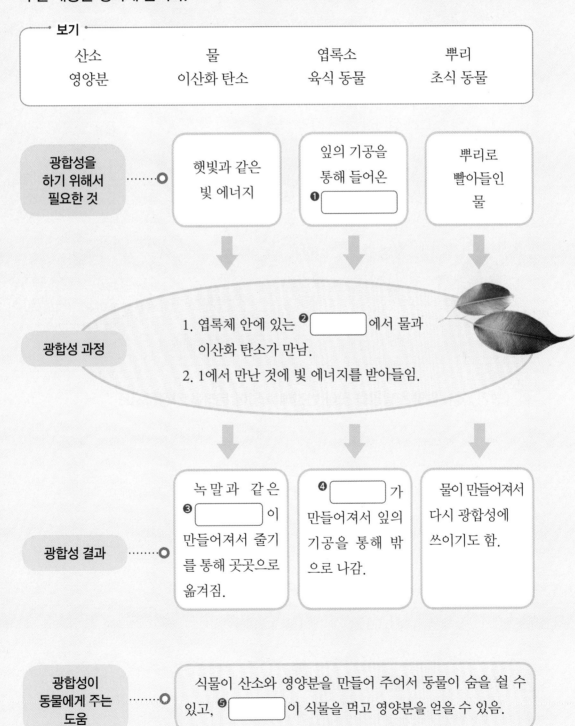

보기

산소	물	엽록소	뿌리
영양분	이산화 탄소	육식 동물	초식 동물

광합성을 하기 위해서 필요한 것

- 햇빛과 같은 빛 에너지
- 잎의 기공을 통해 들어온 ❶ [　　]
- 뿌리로 빨아들인 물

광합성 과정

1. 엽록체 안에 있는 ❷ [　　]에서 물과 이산화 탄소가 만남.
2. 1에서 만난 것에 빛 에너지를 받아들임.

광합성 결과

- 녹말과 같은 ❸ [　　]이 만들어져서 줄기를 통해 곳곳으로 옮겨짐.
- ❹ [　　]가 만들어져서 잎의 기공을 통해 밖으로 나감.
- 물이 만들어져서 다시 광합성에 쓰이기도 함.

광합성이 동물에게 주는 도움

식물이 산소와 영양분을 만들어 주어서 동물이 숨을 쉴 수 있고, ❺ [　　]이 식물을 먹고 영양분을 얻을 수 있음.

● '알맹이'와 '알갱이'처럼 비슷하게 쓰이지만 다른 뜻을 가진 낱말이 있어요. 뜻에 알맞은 낱말을 써야 전하려는 내용을 더 잘 전할 수 있어요.

알맹이
호두 알맹이

알갱이
쌀 알갱이

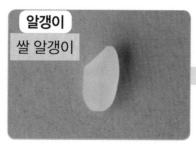

알맹이 물건의 껍데기나 껍질을 벗기고 남은 속 부분.

알갱이 열매나 곡식 따위의 낱알.

껍데기
소라 껍데기

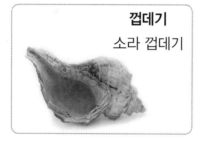

껍질
사과 껍질

껍데기 달걀이나 조개 등의 겉을 싸고 있는 단단한 물질.

껍질 물체의 겉을 싸고 있는 단단하지 않은 물질.

뚜껑
상자 뚜껑

마개
병마개

뚜껑 그릇이나 상자 등의 입구를 덮는 물건.

마개 병의 입구나 구멍 등에 끼워서 막는 물건.

1 [보기]에서 알맞은 낱말을 찾아 빈칸에 써넣어 문장을 완성하시오.

> **보기**
>
> 껍데기   껍질   알맹이

(1) (   )을 깐 감자를 쪄서 먹었다.
(2) 밤 (   )를 먹으니 고소하고 맛있었다.
(3) 달걀 (   )를 깨뜨렸다.

2 다음 (   ) 안의 알맞은 낱말에 ○표 하시오.

(1) 귀(**뚜껑 / 마개**)이/가 어디 있지?
(2) 식탁에 놓인 반찬 그릇의 (**뚜껑 / 마개**) 좀 열어 줄래?

한국사 ○ 몽골의 침입과 삼별초 항쟁

배경지식의 힘 👊

QR을 찍어 동영상을 보고
팔만대장경에 대해 알아봅시다.

팔만대장경에
숨겨진 이야기

🔍 팔만대장경 | # 몽골 # 해인사 # 유네스코_세계_기록_유산

▶ 동영상을 보고 알맞은 것에 ✔ 하세요.

▶ 정답 10쪽

1 팔만대장경은 누구의 침입을 이겨 내고자 만들었나요?

㉠ 당 ☐
㉡ 여진 ☐
㉢ 몽골 ☐

2 팔만대장경판의 특징으로 알맞은 것은 무엇인가요?

㉠ 글자가 고르고 틀린 글자가 거의 없습니다. ☐
㉡ 오늘날 전해지는 금속 활자 중에서 가장 오래된 것입니다. ☐

3 팔만대장경이 보관되어 있는 곳은 어디인가요?

㉠ 종묘 ☐
㉡ 해인사 ☐
㉢ 불국사 ☐

4 팔만대장경판을 잘 보관하기 위한 방법으로 사용한 것은 무엇인가요?

㉠ 판을 겹쳐서 보관하였습니다. ☐
㉡ 보관 장소에 창을 내어서 습도를 조절할 수 있게 하였습니다. ☐

몽골의 침입과 삼별초 항쟁

키워드 🔍		쉬움	보통	어려움
·몽골	제재			
·삼별초	어휘			
	문장			

삼별초는 **최우**가 만든 **야별초**에서 시작됐어. 야별초가 커지자 ㉠이를 좌별초와 우별초로 나누었지. 나중에 몽골에 포로로 잡혀갔다 돌아오거나 탈출한 사람들로 이루어진 신의군과 ㉡이 둘을 포함하여 삼별초라고 불렀지. 삼별초는 주로 경찰이나 군사 등의 일을 맡아서 했어.

1231년 몽골이 고려를 침입한 이후 전쟁은 몇십 년 동안 계속되었지. 나라는 황폐해지고 수많은 백성이 죽거나 몽골에 포로로 끌려갔어. 초조대장경과 황룡사 구층 목탑과 같은 문화재가 불타는 피해도 입었어. 몽골은 전쟁을 그치는 조건으로 고려에 다시 도읍을 개경으로 옮길 것을 강요했어. 1232년 몽골과 싸우기 위해 도읍을 개경에서 강화도로 옮겼던 고려 조정은 몽골의 뜻을 받아들여 1270년에 개경으로 돌아왔지.

하지만 삼별초는 ㉢이를 반대하고 몽골과 계속 싸우기로 하였어. 삼별초는 근거지를 강화도에서 진도로 옮겼어. ㉣여기는 섬이 크고 바닷물의 흐름이 빨라서 몽골군이 오기 어려웠거든. 백성들도 삼별초와 함께 몽골에 맞서 싸웠지. 삼별초는 진도에서 3년 가까이 몽골에 맞서 싸웠어. 하지만 고려와 몽골의 **연합군**이 진도를 공격하였지. ㉤이때 삼별초를 이끌던 배중손 장군이 죽고 많은 군사들이 목숨을 잃었어. 다시 삼별초는 제주로 근거지를 옮겨서 몽골에 저항을 했어. 그렇지만 결국 고려와 몽골 연합군에 지고 말았지. ㉥그것은 몽골에 대한 삼별초의 **항쟁**이 4년 만에 막을 내렸다는 뜻이야.

몽골의 침입을 받은 나라들은 대부분 멸망했어. 그렇지만 고려가 멸망하지 않은 까닭은 외교적인 노력도 있었지만 삼별초의 항쟁과 같은 끈질긴 항쟁이 있었기 때문이야.

▲ 삼별초의 이동 경로

📖 어휘 풀이

· **최우**: 고려에서 권력이 있었던 신하. 몽골의 침략에 대비하여 강화도에 성을 쌓는 등의 일을 함.

· **야별초**: 최우가 도둑을 막기 위해 만들었지만 점차 하는 일이 많아졌음.

· **연합군**: 전쟁에서 둘 또는 둘 이상의 국가가 함께하여 만든 군대.

○ 항쟁: 맞서 싸움.

○ 거란에 항쟁하려고 만든 초조대장경

고려 최초의 대장경(불교 경전을 모두 모아 놓은 것). 거란의 침입을 불교의 힘으로 막으려고 만들었음.

↓

몽골의 침입으로 불에 타 없어짐.

1 ㉠~㉢이 가리키는 내용으로 알맞지 <u>않은</u> 것에 ×표 하시오.

(1) ㉠ 이: 야별초 ( )

(2) ㉡ 이: 좌별초와 우별초 ( )

(3) ㉢ 이: 도읍을 개경에서 강화도로 옮기는 것 ( )

문해력 tip 지시어 '이'

보통 '이'의 앞에 있는 내용 중에서 가까운 곳의 내용을 가리킵니다.

2 ㉣'여기'가 가리키는 내용을 쓰시오.

( )

가까운 곳을 가리키는 지시어예요.

3 ㉤이 가리키는 내용으로 알맞은 것은 어느 것입니까? ·········· ( )

① 몽골이 고려를 침입했을 때

② 고려 조정이 강화도로 옮겼을 때

③ 고려 조정이 개경으로 돌아갔을 때

④ 강화도에서 진도로 근거지를 옮겼을 때

⑤ 고려와 몽골의 연합군이 진도를 공격하였을 때

문해력 tip 지시어 '이때'

바로 앞에서 이야기한 시간상의 어떤 점이나 부분을 가리킬 때 '이때'를 씁니다.

4 ㉥이 가리키는 내용을 알맞게 말한 사람의 이름을 쓰시오.

( )

○ 글의 내용 파악하기

5 삼별초에 대한 설명으로 알맞은 것을 세 가지 고르시오. .... (,   ,   )

① 여진을 정벌하기 위하여 만들었다.

② 최우가 만든 야별초에서 시작되었다.

③ 경찰이나 군사 등의 일을 맡아서 했다.

④ 좌별초, 우별초, 신의군을 포함한 말이다.

⑤ 말을 타고 싸우는 병사들로만 구성되었다.

6 고려가 몽골과 전쟁하는 동안 고려의 피해로 알맞지 <u>않은</u> 것의 번호를 쓰시오.

> ① 나라가 황폐해졌다.
> ② 몽골에 강화도를 빼앗겼다.
> ③ 황룡사 구층 목탑과 같은 문화재가 불탔다.
> ④ 수많은 백성이 죽거나 몽골에 포로로 끌려갔다.

(   )

7 다음에서 설명하는 지역을 쓰시오.

> • 몽골과 싸우기 위해 1232년에 고려 조정이 개경에서 이곳으로 도읍을 옮겼다.
> • 물살이 매우 빠르고 갯벌이 넓어 몽골군이 침략하기 어려운 지역이었다.

(   )

8 다음 빈칸에 알맞은 낱말을 첫 자음자를 바탕으로 써넣으시오.

> 몽골의 침입을 받은 나라들은 대부분 멸망했지만 고려가 멸망하지 않은 까닭 중의 하
>
> 나는 근거지를 옮겨 가며 끝까지 저항하였던 | ㅅ | ㅂ | ㅊ | 가 있었기 때문이다.

삼별초 항쟁에 대해 알아볼까요?

>> 삼별초 항쟁에 대한 글을 읽었습니다. 빈칸에 들어갈 말을 [보기]에서 찾아 써넣으며 글 내용을 정리해 봅시다.

┌─ 보기 ───┐
│ 진도   고려   삼별초   제주   │
│ 배중손   외교   귀주성   우별초 │
└──┘

삼별초 항쟁

1219년 이후
좌별초, ❶[   ], 신의군을 합쳐서 삼별초를 조직함.

1270년
몽골의 요구를 받아들여 고려 조정이 강화도에서 개경으로 돌아가려고 하자 삼별초는 이에 반대하여 근거지를 ❷[   ]로 옮겨서 항쟁을 계속함.

1273년
고려와 몽골 연합군이 진도를 공격하여 ❸[   ] 장군이 죽고 피해가 크자 근거지를 다시 ❹[   ]로 옮겨 항쟁하였으나 결국 실패함.

삼별초 항쟁의 의의
몽골의 침입을 받은 나라는 대부분 멸망하였지만 고려의 ❺[   ]적인 노력과 ❻[   ] 항쟁으로 고려는 나라를 지킬 수 있었음.

● 몽골이 고려의 정치에 간섭하고 고려와 왕래하던 동안에 몽골의 말이 고려에 많이 전해졌어요. 이런 말은 지금까지도 남아 있는 경우가 많은데, 어떤 것이 있는지 알아볼까요?

족두리

머리에 쓰는 것. 몽골 여인이 외출할 때 쓰던 것이 고려로 들어온 것임.

수라

고려 · 조선 시대에 궁중에서 임금에게 올리는 밥을 '수라'라고 함. 임금의 밥상을 '수라상', 임금의 진지(밥)를 짓던 주방을 '수라간'이라고 함.

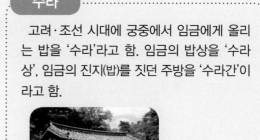

◀ 영릉에 있는 수라간

무수리

고려 · 조선 시대에 궁중에서 청소 같은 잔심부름을 하던 여자 하인.

장사치, 벼슬아치

'장사치'는 장사하는 사람을 낮잡아 이르는 말임. '벼슬아치'는 '나랏일을 하는 사람'을 가리키는 말임. '-치(사람을 가리키는 말)'는 몽골에서 온 말임.

◀ 벼슬아치가 쓰던 모자인 '사모'

1 다음 빈칸에 들어갈 말을 [보기]에서 찾아 쓰시오.

┌ 보기 ─
　　마마　　　　　　무수리　　　　　　수라상　　　　　　족두리
└

(1) (　　　　　)는 궁궐에서 청소를 하였다.

(2) 전통 혼례에서 신부는 머리에 (　　　　　)를 쓴다.

(3) (　　　　　)은 엄격하게 정해진 규칙에 따라 차려졌다고 한다.

2 다음 (　　) 안에 공통으로 들어갈 말을 이으시오.

장사(　　　)
벼슬아(　　　)　·
동냥아(　　　)

· ① 　-치
· ② 　-꾼
· ③ 　-꾸러기

사회 ○─ 깨끗한 물을 마시기 위한 노력

배경지식의 힘 ✊

QR을 찍어 동영상을 보고
물에 대해 알아봅시다.

5일

2주

이 많은 '물'을 누가 다 써 버렸을까요?

물 | #민물 | #극히_적음 | #아껴_쓰기

▶ 동영상을 보고 알맞은 것에 ✔ 하세요.

▶ 정답 11쪽

1 지구에 있는 물의 대부분은 무엇인가요?

㉠ 민물 ☐
㉡ 바닷물 ☐

2 소금기가 없는 물을 무엇이라고 하나요?

㉠ 민물 ☐
㉡ 썰물 ☐

3 물을 아껴 써야 하는 까닭은 무엇인가요?

㉠ 지구 온난화로 빙하가 녹습니다. ☐
㉡ 사람이 사용할 수 있는 물의 양이 적습니다. ☐

4 물을 아껴 쓰는 방법으로 알맞지 <u>않은</u> 것은 무엇인가요?

㉠ 수돗물을 잘 잠급니다. ☐
㉡ 양치질할 때에는 컵에 물을 받아서 합니다. ☐
㉢ 세탁기에 적은 양의 빨래를 넣고 자주 돌립니다. ☐

사회 ○ 깨끗한 물을 마시기 위한 노력

키워드 🔍	쉬움	보통	어려움
• 식수	제재		
• 정수 장치	어휘		
	문장		

　무분별한 개발로 환경이 파괴되고 강이 오염되면서 전 세계적으로 먹는 물이 부족해지고 있어요. 그리고 물 오염 문제도 심각해요. 그래서 ㉠그런 문제를 해결하기 위해 여러 가지 노력을 하고 있답니다.

　먼저 '빗물 **식수**화 시설' 설치가 있어요. 빗물은 공짜이면서 연평균 **강수량**이 충분한 나라에서는 필요한 물을 넉넉히 얻을 수 있다는 장점이 있어요.

　지붕 위에 큰 통을 설치해서 빗물을 모아요. ㉡이 물이 **필터**를 통해 정수되고 ㉢이 물을 소독하면 마실 수 있는 깨끗한 물이 되지요. '빗물 식수화 시설'은 남태평양, 동남아시아, 아프리카의 일부 나라에 설치되어 주민들에게 많은 도움을 주고 있답니다.

　우리나라의 한 NGO에서는 식수 시설 지원이 필요한 지역과 나라에 지하수를 퍼 올리는 식수 펌프와 같은 시설을 설치해 주고 있어요. 그리고 주민들이 ㉣이 시설을 위생적으로 잘 관리하도록 돕는 교육을 하고 있어요. 그래서 ㉤이 지역의 사람들은 물을 구하기 위해 먼 곳으로 가거나 물에 들어 있는 세균을 통해 감염되는 병에 걸리는 일이 많이 줄어들었어요.

　우물은 지하수를 고이게 하여 쓰는 것인데, 지하수에는 **중금속**이나 미생물이 많아요. ㉥이런 지하수를 우물로 만들어서 물을 그대로 마시게 되면 병이 나고 심지어는 목숨을 잃기까지 해요. 이런 우물을 정화하기 위한 정수 장치도 물을 깨끗하게 쓸 수 있게 하는 데 이용되지요.

　이렇게 깨끗한 물을 마시기 위한 여러 노력이 지금도 세계 곳곳에서 이루어지고 있어요. 깨끗하고 안전한 물을 마시는 것은 생명을 지키기 위한 첫걸음입니다.

📖 어휘 풀이

- **무분별한**: 바른 생각이나 판단이 없는.
- **식수**: 먹는 물. 예 식수를 사서 먹다니, 참 세상이 많이 변했구나!
- ○ **강수량**: 비, 눈, 우박 등으로 일정 기간 동안 일정한 곳에 내린 물 전체의 양.
- **필터**: 액체나 기체 속의 나쁜 물질을 걸러 내는 장치.
- **NGO**: 개인이나 기업의 이익이 아닌 공공의 이익을 위해 조직된 민간단체.
- **중금속**: 먹었을 때 몸 안에 쌓이면 독성을 일으키는 물질.

○ **강수량**

강우량
비가 내린 양.
단위는 밀리미터(mm)

+

강설량
눈이 내린 양.
단위는 센티미터(cm).

1 ㉠'그런'이 가리키는 것으로 알맞은 것은 어느 것입니까? ( )

① 세계적인 가뭄

② 물 부족이나 물 오염

③ 더러운 물 때문에 걸리는 병

④ 지구의 물이 대부분 바닷물인

⑤ 강수량이 일 년 중 어느 계절에만 많아지는

> **문해력 tip** 지시어 '그런'
> '그런'은 어떤 대상을 지시하여 가리키는 역할을 합니다.

2 ㉡과 ㉢이 가리키는 내용을 알맞게 이으시오.

(1) ㉡ •

(2) ㉢ •

• ① 필터를 통해 정수된 물

• ② 지붕 위에 설치한 큰 통에 모인 빗물

> '이'는 보통 바로 앞의 내용을 가리키는 경우가 많아요.

3 ㉣과 ㉤이 가리키는 내용을 알맞게 쓰시오.

(1) ㉣: ( )

(2) ㉤: ( )

> **문해력 tip** 지시어가 가리키는 내용
> 지시어가 가리키는 내용은 낱말일 수도 있지만 구나 절, 문장일 수도 있습니다. 그러므로 글의 내용을 잘 파악해야 지시어가 가리키는 내용을 알 수 있습니다.

4 ㉥의 '이런'이 가리키는 내용을 알맞게 말한 사람의 이름을 쓰시오.

'마을과 멀리 떨어진'을 뜻해.

나은

'정수 시설이 설치된'을 뜻해.

건우

'중금속이나 미생물이 많은'을 뜻해.

시아

( )

○ 글의 내용 파악하기

5 이 글에서 전 세계적으로 먹는 물이 부족해진 까닭으로 말한 것은 어느 것입니까? (   )

① 세계 인구가 계속 늘어나기 때문에

② 기후 변화로 가뭄이 계속되기 때문에

③ 과학 기술이 선진국에만 발달되었기 때문에

④ 전쟁으로 물 수출과 수입이 잘 이루어지지 않아서

⑤ 무분별한 개발로 환경이 파괴되고 강이 오염되었기 때문에

6 이 글에서 알 수 있는 '깨끗한 물을 마시기 위한 노력'을 세 가지 고르시오.
(,   ,   )

① 식수 펌프를 설치한다.

② 빗물 식수화 시설을 설치한다.

③ 태양광을 이용한 정수 시설을 설치한다.

④ 우물을 정화하기 위한 정수 장치를 설치한다.

⑤ 사람들에게 휴대용 정수 빨대를 나누어 준다.

○ 글의 내용 추론하기

7 다음 글을 읽고 밑줄 그은 '여러 가지 노력'에 해당하는 것으로 알맞지 <u>않은</u> 것의 번호를 쓰시오.

> 아프리카에는 식수 시설이 없는 곳이 많아요. 식수 시설이 있다고 해도 낡거나 고장이 나서 제대로 쓸 수 없는 경우도 있지요. 이런 시설에서 나오는 물을 그대로 마시면 병에 걸릴 수 있어요. 그래서 사람들은 깨끗한 물이 나오는 곳으로 몇 시간씩 갔다가 돌아오기도 하지요. 그래서 한 NGO에서는 이런 문제를 해결하기 위한 <u>여러 가지 노력</u>을 하고 있어요.

> ① 낡은 식수 시설을 교체한다.
> ② 물 절약을 주제로 한 영화를 제작한다.
> ③ 지역 주민들에게 식수 시설을 청소하고 관리하는 방법을 알려 준다.

(   )

깨끗한 물은 어떻게 마실 수 있을까요?

≫ 여러 정수 시설에 대한 글을 읽었습니다. 빈칸에 들어갈 말을 [보기]에서 찾아 써넣으며
글 내용을 정리해 봅시다.

보기

물 오염	빗물	바닷물	우물
하천	생명	펌프	미생물

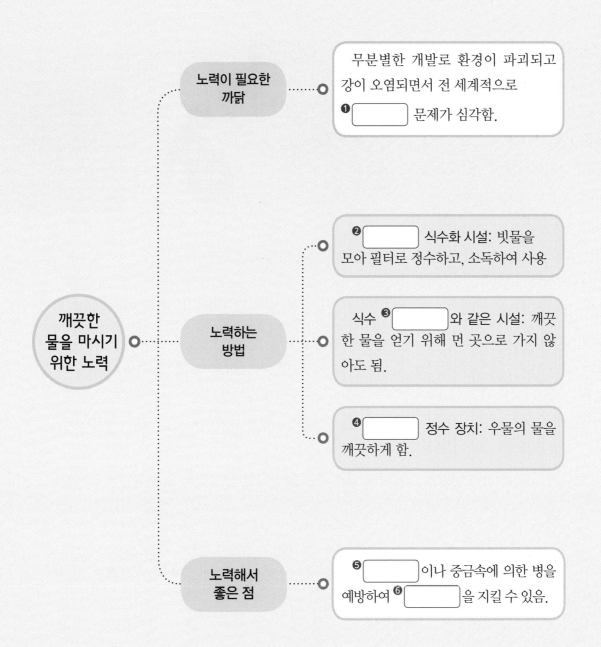

노력이 필요한 까닭

무분별한 개발로 환경이 파괴되고 강이 오염되면서 전 세계적으로
❶ [　　　] 문제가 심각함.

깨끗한 물을 마시기 위한 노력

노력하는 방법

❷ [　　　] 식수화 시설: 빗물을 모아 필터로 정수하고, 소독하여 사용

식수 ❸ [　　　]와 같은 시설: 깨끗한 물을 얻기 위해 먼 곳으로 가지 않아도 됨.

❹ [　　　] 정수 장치: 우물의 물을 깨끗하게 함.

노력해서 좋은 점

❺ [　　　]이나 중금속에 의한 병을 예방하여 ❻ [　　　]을 지킬 수 있음.

나눌 수 있는 낱말과 없는 낱말

▶ 정답 11쪽

● '첫걸음'은 '첫'과 '걸음'이 합해진 말이에요. 낱말에는 나눌 수 없는 낱말인 '단일어'와 나눌 수 있는 낱말인 '복합어'가 있어요.

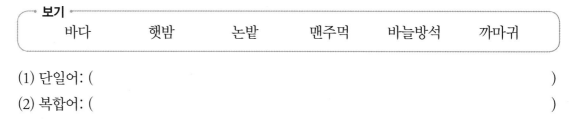

1 다음 [보기]의 낱말을 단일어와 복합어로 나누어 쓰시오.

보기
| 바다 | 햇밤 | 논밭 | 맨주먹 | 바늘방석 | 까마귀 |

(1) 단일어: (   )
(2) 복합어: (   )

2 다음은 어떤 낱말에 붙어 뜻을 더해 주는 낱말입니다. 낱말의 뜻을 알맞게 이으시오.

(1) '덧-' •　　　　　　　• ① 그것과 관련된 기술을 가진 사람.

(2) '풋-' •　　　　　　　• ② 처음 나온 또는 덜 익은.

(3) '-장이' •　　　　　　　• ③ 겹쳐 신거나 입는.

3주

문장에 이름표를 달며 읽기

문해력이 뛰어난 사람은 어떻게 읽을까?

문해력이 뛰어난 사람은 문장의 의미를 정의하고 그 의미를 쌓아 가며 읽어요. 단순히 낱말의 뜻만 이어 읽는 것이 아니라 문장 전체의 의미와 문장 사이의 관계를 살펴 가며 읽기 때문에 글 내용을 보다 잘 파악할 수 있어요. 문장의 의미를 생각하여 문장에 이름표를 다는 방법을 공부해 보아요.

3주에 공부할 내용

문해력 · 문장에 이름표를 달며 읽기

문장을 보다 꼼꼼하게 읽을 수 있는 방법이 없을까?

이런 친구들을 위한 **문해력 솔루션!** ➕
· 문장의 의미를 간추리며 읽고 싶다.
· 문장과 문장의 관계를 정리하며 읽고 싶다.
· 글을 보다 짜임새 있게 읽고 싶다.

문장의 이름표란?

글은 여러 개의 문장이 모여서 만들어지고, 문장은 문장마다 전하고자 하는 내용과 의미가 다릅니다. 다음 몇 개의 문장을 살펴볼까요?

> ㉠ 로봇은 인간과 비슷한 모습으로 걷기도 하고 말도 하는 기계 장치이다.
> ㉡ 로봇은 그리스 신화의 청동 거인에서 그 ●유래를 찾기도 한다.
> ㉢ 로봇은 사람이 하기 힘든 위험한 일을 대신 하는 역할을 한다.

● **유래** 사물이나 일이 생겨남. 또는 그 사물이나 일이 생겨난 바.
예 줄다리기의 유래

모두 로봇에 대해 설명하고 있는 문장이에요. 그런데 말하고자 하는 내용은 조금씩 차이가 있어요.

㉠은 '로봇은 ~ 무엇이다'와 같은 형태의 문장으로 로봇의 뜻, 정의에 대해 말하고 있어요.

로봇은 ~ 무엇이다

💡 '무엇은 ~ 무엇이다'와 같은 형태의 문장은 대상의 뜻, 개념, 정의를 설명하는 문장이에요.

㉡은 '로봇은 ~ 그 유래를 찾기도 한다'라고 해서 로봇의 기원, 유래에 대해 말하고 있어요.

로봇의 유래는 ~

㉢은 '로봇은 ~ 역할을 한다'라고 해서 로봇의 역할, 기능에 대해 말하고 있어요.

로봇의 역할은 ~

㉠ 문장에는 [**뜻**]을, ㉡ 문장에는 [**유래**]를, ㉢ 문장에는 [**역할**]이라는 이름표를 붙여 보세요. 그러면 글 내용을 기억하고 정리하는 데 아주 편리하겠죠? **문장의 이름표란 이처럼 그 문장이 무엇을 말하는지 간단히 나타내어 주는 표예요.**

문장에 이름표 달기

문장에 달 수 있는 이름표에는 다음과 같은 것들이 있어요.

> 뜻, 정의, 개념, 특징, 쓰임, 예시, 목적, 유래, 의미, 원리, 문제점, 해결책, 원인, 결과, 이유, 종류, 장점, 단점, 과정, 구성 요소, 주장, 근거, 사실, 의견……

그 문장이 무엇을 말하느냐에 따라 이름표를 붙여요!

문장이 무엇을 말하느냐에 따라 무수히 많은 이름표를 달 수 있지요. 문장과 문장에 알맞은 이름표를 붙여 볼까요?

<u>증산 작용이란</u> 식물 잎의 뒷면에 있는 기공을 통해 식물이 흡수한 물이 기체 상태로 빠져 나가는 작용을 말한다.
무엇이란 / 무엇을 말한다 ← **정의**

지능이 높은 동물로 알려져 있는 <u>돌고래는</u> 무리 생활을 하며 돌고래끼리의 상호 작용도 활발하다.
설명 대상 / 특징 ① ← / 특징 ② ← **특징**

<u>바이올린은</u> 활로 현을 마찰한 진동이 바이올린의 몸통에 전달되어 소리가 증폭되는 원리를 이용한다.
설명 대상 / → 원리 **원리**

우리 민족이 오래전부터 즐겨 먹어온 <u>발효 식품의 예로는</u> 김치, 된장, 고추장, 막걸리 등이 있다.
발효 식품에는 / → 이러한 예가 있다. **예시**

확인 문제 1 문장에 이름표 달기 ▶ 정답 12쪽

◇ 다음 문장이 무엇을 말하는지 생각해 보고 [보기]에서 적절한 이름표를 찾아 쓰시오.

보기	
비교	종류
단점	목적
장점	유래

(1) 음식을 발효시키면 오랫동안 두고두고 먹을 수 있다는 장점이 있다.
( )

(2) 식품을 발효시키는 목적은 맛과 향을 좋게 하고 식품의 저장성을 높이기 위해서이다.
( )

문장에 이름표를 달며 글 읽기

문장에 달린 이름표를 보며 석빙고에 대해 설명하는 다음 글을 읽어 보아요.

> '무엇은 무엇이다'의 형태로 석빙고가 무엇인지 단적으로 알려 주는 정의 문장이에요.

> 석빙고가 무엇을 하는 데 쓰였는지 알 수 있어요.

(뜻) 석빙고는 옛날에 얼음을 넣어 보관하던 얼음 창고이다. (쓰임) 냉장고가 없던 시절 우리 조상들은 겨울철에 얼음을 떼어 석빙고에 보관하였다. (모양) 석빙고는 반 지하 구조의 고분 모양으로, 바깥의 더운 열기가 안으로 쉽게 들어가지 못하도록 길고 좁은 입구를 가졌다. (원리) 내부의 냉기는 남기고 더운 공기는 위로 올라가 빠져나갈 수 있게 천장에는 구멍이 뚫려 있다.

> 석빙고가 어떤 원리로 얼음을 보관하는지 알려 주는 문장이에요.

> 석빙고가 어떤 모양과 구조인지 설명하고 있어요.

석빙고는 ~ 얼음 창고이다
[뜻]

석빙고는 ~ 고분 모양으로 ~
[모양]

더운 공기가 위로 ~
[원리]

이렇게 머릿속에 문장의 이름표를 떠올리며 글을 읽어 보세요. 그러면 다음과 같은 질문의 답을 보다 쉽고 간편하게 찾아낼 수 있어요.

석빙고가 무엇이지? ▶ (뜻)에서 찾기

석빙고는 무슨 모양이지? ▶ (모양)에서 찾기

석빙고에 쓰인 과학적인 원리에는 무엇이 있지? ▶ (원리)에서 찾기

모든 문장에 하나하나 이름표를 달아 가며 읽을 필요는 없지만 이렇게 그 문장의 이름표를 떠올리며 읽다 보면 글 내용을 보다 잘 파악할 수 있게 된답니다.

문해력 솔루션! ➕ | 문장에 이름표를 달며 읽기

▶ 문장이 무엇을 말하고자 하는지 생각하며 읽자.
▶ '뜻', '종류', '특징', '원리'와 같은 이름표를 떠올리며 문장을 읽자.

● 다음 글을 읽고 물음에 답하시오.

> ㉠갓은 우리 민족이 만든 °고유한 모자입니다. ㉡조선 시대에 갓은 주로 신분이 높은 사람들이 썼습니다. ㉢갓은 °말총과 대나무를 이용하여 만들었습니다. ㉣갓에는 옻칠을 하여 흑갈색으로 만든 흑립과 흰색 천을 둘러 하얗게 만든 백립이 있습니다. ㉤흑립은 평상시에 쓰던 갓이고 백립은 주로 °상을 당했을 때 쓰던 갓입니다.

● **고유한** 본래부터 특별히 갖추고 있는.
  ㉾ 한글은 우리 민족의 고유한 문자입니다.

● **말총** 말의 갈기나 꼬리의 털.

● **상** 부모나 조부모의 장례를 치르는 것.

1 ㉠에 알맞은 문장의 이름표는 어느 것입니까? ─────── (   )

① 정의   ② 예시   ③ 비교

④ 원인   ⑤ 모양

2 ㉠～㉤ 중 갓을 어떤 사람들이 사용했는지 알려 주는 문장은 어느 것입니까?

(   )

3 ㉢～㉤ 문장에 알맞은 이름표를 찾아 선으로 이으시오.

(1) ㉢ •   • ① 종류

(2) ㉣ •   • ② 비교

(3) ㉤ •   • ③ 재료

종류: 대상에 포함되는 여러 가지를 설명하는 문장

비교: 두 대상을 견주어 설명하는 문장

재료: 대상을 이루는 소재나 부품을 설명하는 문장

정의: 대상의 뜻을 설명하는 문장

4 ㉠～㉤ 중 다음 문장과 같은 이름표를 붙일 수 있는 문장을 찾아 기호를 쓰시오.

(1) 삿갓은 가늘게 쪼갠 대나무나 갈대를 이용하여 만듭니다.

(   )

(2) 망건은 상투를 틀 때 머리카락이 흘러내리지 않도록 이마에 두르는 물건입니다.

(   )

사회 · 세계의 전통 가옥 여행하기

2일

3주

세계의 전통의상에 어떤 것이 있을까요?

🔍 전통 | # 세계_전통_의상 | # 치파오 | # 솜브레로 | # 킬트

▶ 동영상을 보고 알맞은 것에 ✔ 하세요.

▶ 정답 13쪽

1 중국의 전통 의상은 무엇인가요?

㉠ 사리입니다. ☐
㉡ 치파오입니다. ☐

3 킬트는 어느 나라의 전통 의상인가요?

㉠ 베트남의 전통 의상입니다. ☐
㉡ 스코틀랜드의 전통 의상입니다. ☐

2 멕시코의 전통 모자인 '솜브레로'의 창이 넓은 까닭은 무엇인가요?

㉠ 추운 바람을 막기 위해서 ☐
㉡ 뜨거운 태양을 막기 위해서 ☐

4 각 나라마다 전통 의상이 다른 이유는 무엇인가요?

㉠ 나라마다 인구수가 달라서 ☐
㉡ 나라마다 자연환경이나 문화가 달라서 ☐

사회 ○── 세계의 전통 가옥 여행하기

키워드 🔍	쉬움	보통	어려움
• 전통 가옥	제재		
• 한옥	어휘		
	문장		

우리나라의 전통 가옥은 한옥. 이누이트(에스키모)의 전통 가옥은 이글루! 각 나라의 전통 가옥은 이름뿐만 아니라 생김새와 특징까지 모두 서로 다른 모습을 하고 있답니다.

먼저 우리나라의 전통 가옥인 한옥을 살펴봅시다. 한옥은 우리나라 사계절의 특성을 반영하여 만들어진 과학적인 전통 가옥이에요. 추운 겨울에는 바닥에 있는 온돌 덕분에 따뜻하게 지내고, 더운 여름에는 **대청마루**에서 시원하게 보낼 수 있답니다. ㉠또 한옥의 **처마**는 여름철 뜨거운 햇빛을 차단하는 기능을, 기와는 비가 집 밖으로 잘 나가게 하는 역할을 하기도 한답니다.

다음으로 살펴볼 전통 가옥은 이누이트의 얼음집, 이글루입니다. 이누이트는 북극, 캐나다 및 시베리아의 북극 지방에 사는 인종을 말해요. 이글루는 이누이트들이 눈 벽돌이나 얼음을 쌓아서 만든 집이에요. 이글루는 꼭대기로 갈수록 점점 작아지게 얼음을 쌓은 **반구형** 모양이에요. 이글루는 입구를 작게 만들어 집 안 온도를 **보존**할 수 있도록 하고, 눈 벽돌 사이를 눈으로 메꿔서 바깥의 찬 공기와 바람을 완벽하게 차단해요.

▲ 게르

게르는 몽골의 이동식 전통 가옥이에요. 나무로 **뼈대**를 만들고 그 위에 가축의 털로 만든 천을 덮어 만들어요. 게르는 쉽게 **분해**하고 조립할 수 있다는 특징이 있어요. 게르를 조립하는 시간은 1~2시간밖에 걸리지 않는다고 해요. 몽골의 **유목민**들은 가축이 먹는 풀을 따라 사는 곳을 계속 옮겨야 하기 때문에 조립과 분해가 쉬운 집을 지었답니다. 여름에는 천막 밑을 걷어 올려 바람과 온도를 조절할 수도 있어요. 겨울에는 게르의 원통형 구조가 바람을 막아 주는 효과도 있답니다.

한옥, 이글루, 게르는 서로 다른 모습을 하고 있지만, 각 지역의 기후에 적응하려는 모습과 생활 양식이 **고스란히** 담겨 있다는 점은 같답니다.

📖 어휘 풀이

• **대청마루**: 한옥에서 방과 방 사이에 있는 큰 마루.
• **처마**: 기둥 밖으로 빠져 나온 지붕의 밑부분.
○ **반구형**: 구를 절반으로 나눈 모양.
• **보존**: 잘 보호하고 유지하여 남김.
• **분해**: 여러 부분이 결합된 것을 낱낱으로 나눔.
• **유목민**: 가축을 기르며 물과 풀을 따라 옮겨 다니며 사는 민족.
• **고스란히**: 조금도 변하지 않고 그대로.

○ 반구형이란?

구형　　　　반구형

▶ 수박은 구형이다. 수박을 반으로 자른 것은 반구형이다.

1 ㉠에서 알 수 있는 정보는 무엇입니까?⋯⋯⋯⋯⋯⋯⋯⋯⋯ ( )

① 전통 가옥의 정의
② 처마와 기와의 기능
③ 온돌과 마루의 장점
④ 한옥 생활의 문제점
⑤ 한옥과 이글루의 공통점

● 문장에 이름표 달기

2 다음 밑줄 그은 부분에 어울리는 문장의 이름표는 무엇입니까?

⋯⋯⋯⋯⋯⋯⋯⋯⋯⋯⋯⋯⋯⋯⋯⋯⋯⋯⋯⋯⋯⋯⋯⋯ ( )

> 이누이트는 북극, 캐나다 및 시베리아의 북극 지방에 사는 인종을 말해요. 이글루는 이누이트들이 눈 벽돌이나 얼음을 쌓아서 만든 집이에요. <u>이글루는 꼭대기로 갈수록 점점 작아지게 얼음을 쌓은 반구형 모양이에요.</u> 이글루는 입구를 작게 만들어 집안 온도를 보존할 수 있도록 하고, 눈 벽돌 사이를 눈으로 메꿔서 바깥의 찬 공기와 바람을 완벽하게 차단해요.

① 이글루의 뜻
② 이글루의 모양
③ 이글루의 단점
④ 이누이트의 정의
⑤ 이누이트의 중요성

문장의 이름표를 떠올리며 읽으면 내용을 더 잘 기억할 수 있어.

● 문장의 정보 파악하기

3 다음 중 게르를 만드는 데 필요한 재료를 알 수 있는 문장은 무엇입니까?⋯⋯⋯⋯⋯⋯⋯⋯⋯⋯⋯⋯⋯⋯⋯⋯⋯⋯⋯⋯⋯⋯ ( )

① 게르는 몽골의 이동식 전통 가옥이에요.
② 게르는 쉽게 분해하고 조립할 수 있다는 특징이 있어요.
③ 게르를 조립하는 시간은 1~2시간밖에 걸리지 않는다고 해요.
④ 게르는 나무로 뼈대를 만들고 그 위에 가축의 털로 만든 천을 덮어 만들어요.
⑤ 몽골의 유목민들은 가축이 먹는 풀을 따라 사는 곳을 계속 옮겨야 하기 때문에 조립과 분해가 쉬운 집을 지었답니다.

○ 낱말 뜻 파악하기

4 다음과 같은 뜻을 가진 낱말은 무엇입니까?·····································(   )

> 여러 부품을 하나의 구조로 짜 맞춤.

① 분해   ② 조립   ③ 보존

④ 보호   ⑤ 유목

○ 핵심 정보 파악

5 몽골의 유목민들이 가볍고 조립과 분해가 쉬운 집을 짓는 이유는 무엇입니까?·········(   )

① 한 집에서 오래도록 살기 위해서

② 몽골은 사계절이 뚜렷하기 때문에

③ 몽골은 겨울에도 비가 자주 내리기 때문에

④ 바깥의 찬 공기와 바람을 완벽하게 차단하려고

⑤ 가축이 먹는 풀을 따라 사는 곳을 계속 옮겨야 하기 때문에

6 다음 빈칸에 알맞은 단어를 앞 글에서 찾아 쓰시오.

> 각국의 전통 가옥이 모두 다른 이유는 나라마다 ☐☐와 생활 양식이 모두 다르기 때문입니다.

7 다음 중 이누이트의 전통 가옥으로 알맞은 것에 ○표 하시오.

(1)   (2)   (3)

(   )   (   )   (   )

세계의 전통 가옥에 대해 알아볼까요?

≫ 세계의 전통 가옥에 대해 설명한 글을 읽었습니다. 빈칸에 들어갈 말을 [보기]에서 찾아 써넣으며 글 내용을 정리해 봅시다.

┌ 보기 ─────────────────────────────────┐
│   유목   조립   몽골   처마   │
│   사계절   얼음   캐나다   이글루 │
└───────────────────────────────────────┘

2
일

3
주

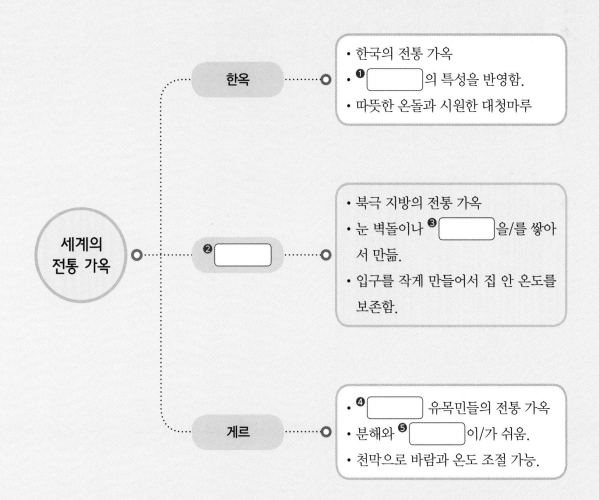

세계의 전통 가옥

한옥
• 한국의 전통 가옥
• ❶[   ]의 특성을 반영함.
• 따뜻한 온돌과 시원한 대청마루

❷[   ]
• 북극 지방의 전통 가옥
• 눈 벽돌이나 ❸[   ]을/를 쌓아서 만듦.
• 입구를 작게 만들어서 집 안 온도를 보존함.

게르
• ❹[   ] 유목민들의 전통 가옥
• 분해와 ❺[   ]이/가 쉬움.
• 천막으로 바람과 온도 조절 가능.

집과 관련된 속담

▶ 정답 13쪽

● '집'과 관련된 속담을 살펴보고 어떤 경우에 사용할 수 있을지 생각해 보세요.

속담 불난 집에 부채질한다

화난 사람을 → 더 화나게 만든다.

뜻 문제가 더 악화되게 만들거나 화가 난 사람을 더욱 화나게 함을 비유적으로 이르는 말.

속담 빈대 잡으려고 초가삼간 태운다

작은 일을 하려고 → 큰일을 망친다.

뜻 손해를 크게 볼 것을 생각하지 못하고 그저 덤비기만 하는 경우를 비유적으로 이르는 말.

1 다음 빈칸에 들어갈 알맞은 말은 무엇입니까? ⸺⸺⸺⸺ (   )

> 일단 급하게 해결하려 하지 말고 천천히 생각해 보자. [   ] 잡으려고 초가삼간 태울 수는 없잖아.

① 그늘　　　　　　② 벌레　　　　　　③ 빈대
④ 나비　　　　　　⑤ 기회

2 다음 속담이 어울리는 경우는 무엇인지 알맞은 것에 ○표 하시오.

> 불난 집에 부채질한다

(1) 뜻밖의 장소에서 아는 사람을 우연히 만난 경우　　　　　　　　　　　　(   )
(2) 아주 재미있는 일에 몰두하여 시간이 가는 줄 모르는 경우　　　　　　　(   )
(3) 선생님에게 꾸중을 듣던 중, 말대답을 해서 선생님의 화를 더욱 키운 경우　　(   )

과학 · 인공 지능은 우리 삶에 좋기만 할까?

 배경지식의힘

QR을 찍어 동영상을 보고
미래 기술에 대해 알아봅시다.

편리한 생활, 스마트 월드

기술 | # 미래_기술 # 스마트_제품 # 편리함 # 발명

▶ 동영상을 보고 알맞은 것에 ✔ 하세요.

▶ 정답 14쪽

1 스마트 포크의 기능은 무엇인가요?

㉠ 식습관을 감시합니다. ☐
㉡ 수면 습관을 감시합니다. ☐

3 스마트 약병의 기능은 무엇인가요?

㉠ 약의 색깔을 바꾸어 줍니다. ☐
㉡ 약 먹을 시간을 알려 줍니다. ☐

2 스마트 포크의 장점은 무엇인가요?

㉠ 스마트 포크가 모은 자료로 건강을 관리할 수
있다. ☐
㉡ 스마트 포크를 사용하면 밥을 빠르게 먹을 수
있다. ☐

4 스마트 제품들의 장점은 무엇인가요?

㉠ 우리 생활을 편리하게 해 줍니다. ☐
㉡ 모든 도구를 버릴 수 있게 해 줍니다. ☐

과학 — 인공 지능은 우리 삶에 좋기만 할까?

키워드 🔍
• 기술
• 인공 지능

	쉬움	보통	어려움
제재			
어휘			
문장			

인공 지능이란 사람의 학습하는 능력, 생각하는 능력, 말하는 능력 등을 컴퓨터 프로그램으로 실현한 기술을 말해요. 인공 지능을 통해 컴퓨터나 로봇은 인간처럼 행동을 할 수도 있답니다. 언뜻 보면 좋아 보이는 인공 지능이지만 이에 대한 **우려**의 목소리도 적지 않답니다.

먼저 인공 지능의 활용을 기대하는 사람들은 인공 지능이 무한하게 활용될 수 있다는 점에 주목하고 있어요. 특히, 가전제품 분야에서 인공 지능 기술이 **접목된** 사례를 다양하게 접할 수 있어요. 예를 들면, 사람이 있을 때만 작동하는 에어컨, 음식이 제대로 익었는지 **내장된** 카메라로 확인해 주는 전자레인지 등이 등장했답니다. 일상적인 활용뿐만 아니라 인간이 하기 힘들고 위험한 일에도 인공 지능이 쓰일 수 있어요. ⟨ ㉠ ⟩

반대로 인공 지능의 존재를 ⟨ ㉡ ⟩ 생각하는 사람들도 있어요. 인공 지능이 발전하여 사람이 하는 일을 기계가 대신하게 되면, 그만큼 사람들은 일자리를 잃게 되지요. 지금도 식당에서 **자율 주행** 로봇을 심심찮게 만날 수 있지요. 앞으로는 주문 받기, 음식 나르기는 물론이고, 음식을 만드는 일까지도 할 수 있는 기계가 곧 **상용화**된다고 해요. 그 결과, 가까운 미래에는 음식점의 많은 직원이 일자리를 잃을 것이라고 예상할 수 있겠죠? 또한 인공 지능은 전쟁이나 범죄 등에 **악용될** 우려도 크답니다. 인공 지능이 스스로 생각하고 판단하는 수준까지 이르게 되면 더는 인간들이 통제할 수 없을지도 모르고요.

지금까지도 인공 지능 기술의 개발을 놓고 사람들의 갑론을박이 이어지고 있어요. 이제는 사회 전체가 행복해지는 길로 가기 위해 인공 지능을 어떻게, 얼마나 활용하면 좋을지 허심탄회하게 토론할 수 있는 소통의 장이 필요하지 않을까요?

▲ 바둑을 두는 인공 지능 로봇

📖 어휘 풀이

• **우려**: 근심하거나 걱정함.
• **접목된**: 둘 이상의 다른 현상이 알맞게 조화된.
• **내장된**: 밖으로 드러나지 않게 안에 간직한.
• **자율 주행**: 운전자가 직접 운전하지 않고, 차량 스스로 도로에서 달리는 일.
• **상용화**: 일상적으로 쓰이게 됨.
• **악용될**: 알맞게 쓰지 않거나 나쁜 일에 쓰일.

○ **자율 주행 자동차**

▶ 자율 주행 기술은 운전자에게 최적의 주행 경로를 안내할 수 있다.

1 다음 중 인공 지능의 뜻을 알 수 있는 문장은 무엇입니까? ····· (   )

① 인공 지능의 존재를 위협으로 생각하는 사람들도 있어요.

② 인공 지능은 전쟁이나 범죄 등에 악용될 우려도 있답니다.

③ 나와 자유롭게 친구처럼 대화하는 로봇을 상상해 본 적이 있나요?

④ 인공 지능을 통해 컴퓨터나 로봇은 인간처럼 행동을 할 수도 있답니다.

⑤ 인공 지능이란 사람의 학습하는 능력, 생각하는 능력, 말하는 능력 등을 컴퓨터 프로그램으로 실현한 기술을 말해요.

> **문해력 tip** 정의를 나타내는 문장
>
> '무엇은 무엇이다.', '무엇이란 무엇이다.' 와 같은 형식의 문장은 설명하는 대상의 정의를 나타내요.

● 문장에 이름표 달기

2 다음 문장에 어울리는 이름표는 무엇입니까? ·········· (   )

> 예를 들면, 사람이 있을 때만 작동하는 에어컨, 음식이 제대로 익었는지 내장된 카메라로 확인해 주는 전자레인지 등이 등장했답니다.

① 정의   ② 유래   ③ 원리

④ 예시   ⑤ 단점

> **문해력 tip** 예시를 나타내는 문장
>
> '예를 들면', '대표적인 사례로는'과 같은 표현은 예시를 나타내는 표현이에요.

3일

3주

3 다음 밑줄 그은 부분에 어울리는 문장의 이름표는 무엇입니까?

·········· (   )

> 앞으로는 주문 받기, 음식 나르기는 물론이고, 음식을 만드는 일까지도 할 수 있는 기계가 곧 상용화된다고 해요. 그 결과, 가까운 미래에는 음식점의 많은 직원이 일자리를 잃을 것이라고 예상할 수 있겠죠? <u>또한 인공 지능은 전쟁이나 범죄 등에 악용될 우려도 크답니다.</u>

① 음식점의 특징

② 인공 지능의 예시

③ 인공 지능의 단점

④ 인공 지능의 중요성

⑤ 일자리 수 감소의 문제점

> 문장의 이름표를 떠올리며 읽다 보면 어느 부분에 찾고자 하는 내용이 있었는지 더 잘 기억할 수 있어요!

○ 글의 흐름 파악하기

4 ⟨ ㉠ ⟩에 들어갈 문장으로 알맞은 것에 ○표 하시오.

(1) 하지만 인공 지능 기술의 발전 속도는 아직 느리답니다. ( )

(2) 그래서 사람들은 인공 지능의 활용에 대해 걱정하고 있어요. ( )

(3) 또 의료 분야에서는 불치병 치료에도 활용될 수 있어서 사람들이 주목하고 있답니다.

( )

○ 핵심 정보 파악

5 글의 내용으로 보아, ⟨ ㉡ ⟩에 들어갈 알맞은 말은 무엇입니까? ( )

① 혜택으로　　　　② 운명으로　　　　③ 위협으로

④ 행운으로　　　　⑤ 우연으로

6 인공 지능의 개발에 대해 긍정적으로 생각하는 친구의 이름을 쓰시오.

> 지유: 인공 지능이 지나치게 발달하면 사람들의 일자리가 사라질 거야.
> 성은: 인공 지능이 더 발달하면 전쟁이나 범죄에 악용될 가능성도 높아질 거야.
> 수지: 인공 지능에만 의존하게 되면, 사람들 사이에 대화가 단절되고 인간 소외 현상이
> 　　　심각해질 거야.
> 동구: 인공 지능을 통해 로봇이 스스로 수술을 수행할 수 있게 된다면, 더 세심하고 정확
> 　　　도 높은 수술이 가능해질 거야.

( )

○ 글의 내용 파악하기

7 다음 중 인공 지능이 활용된 기술의 예시로 알맞지 <u>않은</u> 것은 무엇입니까? ( )

① 사람이 있을 때만 작동하는 에어컨

② 음식 나르기와 조리가 모두 가능한 로봇

③ 음식이 제대로 익었는지 확인할 수 있는 전자레인지

④ 태양으로부터 만들어진 에너지를 전기 에너지로 바꾸는 반도체

⑤ 운전자가 직접 운전하지 않아도 스스로 도로에서 달리는 자동차

인공 지능에 대한 내용을 정리해 볼까요?

≫ 인공 지능에 대한 글을 읽었습니다. 빈칸에 들어갈 말을 [보기]에서 찾아 써넣으며 글 내용을 정리해 봅시다.

보기

| 활용 | 전쟁 | 로봇 | 편리하게 |
| 일자리 | 컴퓨터 | 허심탄회 | 불치병 |

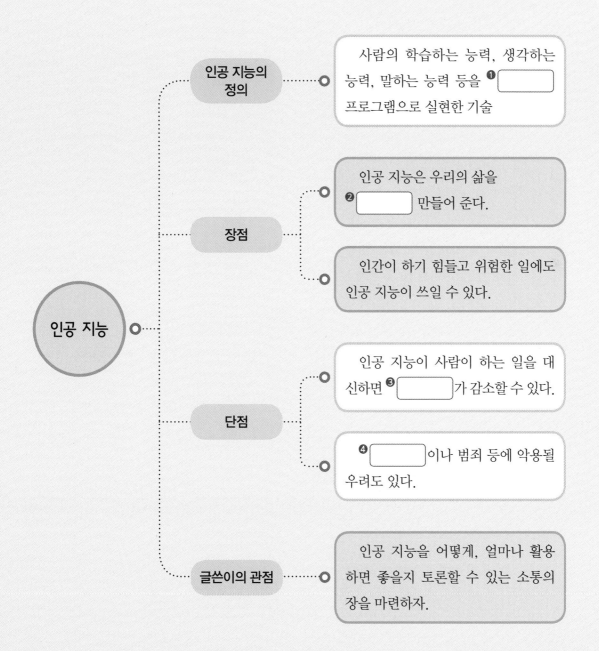

인공 지능

인공 지능의 정의 ······ 사람의 학습하는 능력, 생각하는 능력, 말하는 능력 등을 ❶[　　　　] 프로그램으로 실현한 기술

장점 ······ 인공 지능은 우리의 삶을 ❷[　　　　] 만들어 준다.

인간이 하기 힘들고 위험한 일에도 인공 지능이 쓰일 수 있다.

단점 ······ 인공 지능이 사람이 하는 일을 대신하면 ❸[　　　　]가 감소할 수 있다.

❹[　　　　]이나 범죄 등에 악용될 우려도 있다.

글쓴이의 관점 ······ 인공 지능을 어떻게, 얼마나 활용하면 좋을지 토론할 수 있는 소통의 장을 마련하자.

토론과 관련된 사자성어

▶ 정답 14쪽

● 토론과 관련된 사자성어를 살펴보고 어떤 경우에 사용할 수 있을지 생각해 보세요.

갑론을박

甲 논할 론 乙 논박할 박
갑옷 갑 논할 론 새 을 논박할 박

한 사람이 말하면 다른 사람이 반박한다.

뜻 여러 사람이 서로 자기의 주장을 내세우며 상대편의 주장을 반박함.

허심탄회

오랜만에 허심탄회한 대화를 나눠볼까?

너무 좋아!

虛 心 坦 懷
빌 허 마음 심 평탄할 탄 품을 회

마음을 비우고 생각을 터놓는다.

뜻 생각을 다 터놓고 말할 만큼 솔직함.

1 '갑론을박'을 사용할 수 있는 상황에 ○표 하시오.

(1) 해야 할 일이 너무 많아 정신없이 바쁜 경우 ( )

(2) 이미 잘 알고 있는 일이지만 꼼꼼히 확인하고 시작하는 경우 ( )

(3) 쉬운 일도 하지 못하면서 어려운 일을 하겠다고 나서는 경우 ( )

(4) 교내 토론 대회에서 찬성 측과 반대 측이 열정적으로 토론을 주고받는 경우 ( )

2 '허심탄회'의 알맞은 뜻을 찾아 기호를 쓰시오.

> ㉠ 이러지도 저러지도 못하는 처지.
> ㉡ 생각을 다 터놓고 말할 만큼 솔직함.
> ㉢ 한 번 건드리기만 해도 폭발할 것같이 위급함.
> ㉣ 나쁜 사람과 가까이 지내면 나쁜 버릇에 물들기 쉬움.

( )

한국사 — 이성계의 위화도 회군과 조선

배경지식의 힘

QR을 찍어 동영상을 보고 이성계에 대해 알아봅시다.

왕이 된 남자, 이성계

고려를 구한 수호신에서 고려를 멸망시키고 조선을 건국하여 왕이 된 남자 이성계.

조선 | # 이성계 | # 위화도_회군 | # 최영 | # 고려

▶ 동영상을 보고 알맞은 것에 ✔ 하세요.

▶ 정답 15쪽

1 14세기, 위기에 빠진 고려를 구한 2명의 장군은 누구인가요?

㉠ 최영과 이성계입니다. ☐
㉡ 이순신과 이성계입니다. ☐

2 이성계가 회군을 결정한 곳은 어디인가요?

㉠ 신의주입니다. ☐
㉡ 위화도입니다. ☐

3 이성계가 새로운 나라를 건국할 때, 뜻을 함께한 사람들은 누구인가요?

㉠ 최영과 권문세족들입니다. ☐
㉡ 정도전과 신진 사대부들입니다. ☐

4 이성계가 건국한 나라의 이름은 무엇인가요?

㉠ 조선입니다. ☐
㉡ 고조선입니다. ☐

한국사 ○ 이성계의 위화도 회군과 조선

(가) 고려 말, 우왕은 중국에서 새롭게 세력을 키운 명나라를 공격하여 옛 고구려의 영토를 되찾으려 했다. 우왕은 요동 **정벌**을 위해 이성계에게 군사를 주며 명나라를 공격할 것을 명령했다. 하지만 이성계는 요동 정벌을 할 수 없는 이유 네 가지를 들며 반대했다. 첫째, 작은 나라가 큰 나라를 치는 것은 불가능하다. 둘째, 농번기에 군사를 동원하는 것은 무리다. 셋째, 명과 싸우는 사이에 왜구가 쳐들어올 것이다. 넷째, 장마철이라 무기를 사용하기 불편하고, 전염병이 유행할 것이다. 이성계가 '4 불가론'을 내세우며 요동 정벌을 반대했지만, 우왕은 계획을 포기하지 않았다.

(나) 우왕의 뜻에 따라 이성계가 이끄는 고려군이 위화도에 도착했지만, 장마로 물이 불어나자 군대가 위화도에서 꼼짝도 할 수 없는 진퇴양난의 상황을 맞이하였다. 이성계는 우왕에게 회군을 허락해 달라는 **서신**을 보내며 돌아가겠다는 뜻을 밝혔다. 하지만 우왕은 이를 **단칼**에 거절했고, 고민 끝에 이성계는 군사들과 함께 개성으로 돌아가게 된다. 이성계가 군사를 이끌고 요동 지역을 공격하러 갔다가 위화도에서 군사를 되돌려 온 이 사건이 바로 위화도 회군이다.

(다) 위화도 회군으로 정권을 장악한 이성계는 경제력과 정치력을 **차지하기** 위해 각종 **개혁**을 시작했다. 이성계는 신진 사대부와 함께 토지 제도 개혁을 가장 큰 목표로 삼고 1391년 과전법을 발표했다. 과전법이란, 권문세족이 차지한 농장을 다시 거두어 신진 사대부들이 나누어 갖는 토지 제도를 말한다. 권문세족의 토지를 거두자 국가의 재정은 더욱 좋아졌다. 또한, 과전법으로 세금을 낮추어 농민의 부담을 줄여 주기도 했다. 과전법은 신진 사대부가 국가 **재정**을 확보하고, 농민의 부담을 줄여 주는 정책이었다.

(라) 더 큰 변화를 원했던 이성계는 고려를 멸망시키고 새로운 나라를 세우고 싶었다. 우왕을 포함해 자신의 뜻에 반대하는 세력을 모조리 몰아낸 이성계는 마침내 왕위에 올라 새로운 나라를 세웠고, 고조선을 **계승한다는** 뜻에서 이름을 조선이라고 하였다.

📖 어휘 풀이

- **정벌**: 적을 무력으로 공격함.
- **서신**: 안부, 소식 등을 적어 보내는 글.
- **단칼**: 단 한 번을 비유적으로 이르는 말.
- **차지하기**: 사물이나 공간 등을 자기 몫으로 가져가기.
- **개혁**: 제도나 물건을 새롭게 뜯어고침.
- **재정**: 돈에 관한 여러 가지 일.
- **계승한다는**: 조상의 전통이나 문화유산을 물려받아 이어 나간다는.

▶ 권력을 잡은 이성계는 과전법을 실시하여 토지 제도를 개혁했습니다.

○ 문장에 이름표 달기

1 위화도 회군의 과정이 나타난 문단의 기호를 쓰시오.

( ) 문단

문해력 tip 과정

어떤 일이 되어 가는 차례나 모습을 '과정'이라고 해요. 위화도 회군이 일어난 순서를 알 수 있는 문단을 찾아보세요.

○ 문장의 짜임을 파악하며 읽기

2 다음 중 과전법의 정의를 알 수 있는 문장은 무엇입니까?······ ( )

① 이성계는 1391년 과전법을 발표했다.

② 과전법으로 세금을 조정하여 농민의 부담을 줄여 주기도 했다.

③ 이성계는 과전법을 통해 귀족들이 불법적으로 갖고 있던 토지를 모두 몰수했다.

④ 과전법의 시행으로 권문세족의 토지를 거두어들이자 국가의 재정은 더욱 좋아졌다.

⑤ 과전법이란, 권문세족이 차지한 농장을 몰수하여 신진 사대부들이 다시 나누어 갖는 토지 제도를 말한다.

문해력 tip 정의

어떤 말이나 사물의 뜻을 분명하게 정하여 밝히는 것을 '정의'라고 해요. 과전법의 뜻에 관해 설명한 문단을 찾아보세요.

**4
일**

**3
주**

○ 문장에 이름표 달기

3 다음 밑줄 그은 부분에 어울리는 문장의 이름표는 무엇입니까?

··· ( )

> 고려 말, 우왕은 중국에서 새롭게 세력을 키운 명나라를 공격하여 옛 고구려의 영토를 회복하려 했다. 우왕은 요동 정벌을 위해 이성계에게 군사를 주며 명나라를 공격할 것을 명령했다. 하지만 이성계의 생각은 달랐다. 이성계는 요동 정벌을 할 수 없는 이유 네 가지를 들어 반대했다. 첫째, 작은 나라가 큰 나라를 치는 것은 불가능하다. 둘째, 농번기에 군사를 동원하는 것은 무리다.

① 요동 정벌의 뜻

② 요동 정벌의 과정

③ 요동 정벌의 장점

④ 요동 정벌을 하는 방법

⑤ 요동 정벌을 반대하는 이유

문장과 문장의 관계를 정리하며 읽기 위해 이름표를 달아야 해요.

○ 글의 내용 파악하기

4 다음 빈칸에 알맞은 말을 글에서 찾아 쓰시오.

> 우왕은 이성계에게 요동 정벌에 나설 것을 명령했으나, 이성계는
>
> ☐☐☐☐ 을 내세우며 요동 정벌을 반대했다.

5 과전법 시행의 결과로 알맞지 <u>않은</u> 것은 무엇입니까? ⸺⸺⸺⸺⸺ ( )

① 국가의 재정이 더욱 좋아졌다.
② 권문세족에게 토지를 나누어 주었다.
③ 권문세족이 차지했던 농장을 거두어들였다.
④ 세금이 낮아지고 농민의 부담이 줄어들었다.
⑤ 권문세족이 갖고 있던 농장을 신진 사대부가 확보하게 되었다.

○ 핵심 정보 파악

6 글의 내용으로 알맞지 <u>않은</u> 것은 무엇입니까? ⸺⸺⸺⸺⸺ ( )

① 이성계는 고려를 유지하면서 개혁하려고 하였다.
② 이성계는 신진 사대부와 함께 토지 제도를 개혁했다.
③ 이성계는 군사를 이끌고 요동 지역을 공격하러 갔지만 위화도에서 군사를 되돌렸다.
④ 이성계는 과전법을 통해 권문세족들이 불법적으로 가지고 있던 토지를 모두 몰수했다.
⑤ 고려 말, 우왕은 중국에서 새롭게 세력을 키운 명나라를 공격하여 옛 고구려의 영토를 되찾으려 했다.

○ 사건의 순서 파악하기

7 일이 일어난 순서에 맞게 기호를 쓰시오.

> ㉮ 이성계는 왕위에 올라 조선을 세웠다.
> ㉯ 이성계가 이끄는 고려군이 위화도에 도착했다.
> ㉰ 고민 끝에 이성계는 군사들과 함께 개성으로 돌아가기로 결심했다.
> ㉱ 우왕은 요동 정벌을 위해 이성계에게 군사를 주며 명나라를 공격할 것을 명령했다.

( ) → ( ) → ( ) → ( )

조선의 건국 과정을 정리해 볼까요?

≫ 조선의 건국 과정에 대해 설명한 글을 읽었습니다. 빈칸에 들어갈 말을 [보기]에서 찾아 써넣으며 글 내용을 정리해 봅시다.

> **보기**
>
> | | | | |
> |---|---|---|---|
> | 정도전 | 권문세족 | 이성계 | 고려 |
> | 조선 | 위화도 | 과전법 | 재정 |

고려 우왕 요동 정벌 찬성	**VS**	❶ [　　　] 요동 정벌 반대

이성계가 군사를 이끌고 요동 지역을 공격하러 감.
❷ [　　　]에서 군사를 되돌려 개성으로 복귀함.

권문세족이 차지한 농장을 다시 거두어
신진 사대부들이 나누어 갖는 ❸ [　　　] 실시.

이성계가 우왕을 포함해 자신의 뜻에 반대하는 세력을
모조리 몰아내고 왕위에 즉위.

❹ [　　　]의
건국

전쟁과 관련된 사자성어

▶ 정답 15쪽

● 전쟁과 관련된 사자성어를 살펴보고 어떤 경우에 사용할 수 있을지 생각해 봅시다.

진퇴양난

進 退 兩 難

나아갈 진 물러날 퇴 두 양 어려울 난

나아가는 것도 물러서는 것도 모두 어렵다.

뜻 이러지도 저러지도 못하는 어려운 처지.

승승장구

乘 勝 長 驅

탈 승 이길 승 길 장 몰 구

싸움에서 이긴 계속 공격함.
기세를 타고

뜻 어떤 일이 잘 풀리고 나서 연이어 거침없이 잘 해결해 나간다.

1 '승승장구'를 사용할 수 있는 상황에 ○표 하시오.

(1) 동생의 잘못을 너그럽게 용서한 경우. ( )

(2) 우리나라 선수가 올림픽 경기에서 거듭 승리하는 경우. ( )

(3) 어려운 일을 극복하기 위해 여러 사람이 힘을 모은 경우. ( )

2 사자성어를 잘못 사용한 문장은 무엇입니까? ( )

① 지훈이는 승승장구하며 결승까지 올라갔다.

② 이순신 장군은 수많은 전투에서 승승장구하였다.

③ 진퇴양난의 상황이었지만 그는 지혜롭게 상황을 극복했다.

④ 진퇴양난하게 이야기를 나눌 수 있는 친구가 있어서 정말 기쁘다.

⑤ 등교 시간이 다가오는데 버스도 오지 않고 배까지 아프니 정말 진퇴양난이다.

과학 ○── 신비로운 우리나라의 동굴

배경지식의 힘

QR을 찍어 동영상을 보고
석회 동굴에 대해 알아봅시다.

석회 동굴에는 무엇이 생성될까요?

석회동굴
석회암이 많은
지역에 생기는 동굴

🔍 석회_동굴 | # 동굴 | # 지하 | # 종유석 | # 석순 | # 석주

▶ 동영상을 보고 알맞은 것에 ✔ 하세요.

▶ 정답 16쪽

1 석회암이 많은 지역에 생기는 동굴은 무엇인가요?

㉠ 석회 동굴입니다. ☐
㉡ 용암 동굴입니다. ☐

2 석회암을 녹이는 요인은 무엇인가요?

㉠ 파도와 모래바람 ☐
㉡ 이산화 탄소가 녹아 있는 지하수나 빗물 ☐

3 종유석에서 떨어지는 물방울을 받아 자라는 생성물은 무엇인가요?

㉠ 석순입니다. ☐
㉡ 고드름입니다. ☐

4 석순과 종유석이 만나면 만들어지는 것은 무엇인가요?

㉠ 석주입니다. ☐
㉡ 석방입니다. ☐

과학 ○ 신비로운 우리나라의 동굴

키워드 Q		쉬움	보통	어려움
• 동굴	제재			
• 석회 동굴	어휘			
	문장			

　자연의 위대함을 느낄 수 있는 **경관**에는 여러 가지가 있어요. 늘 우리 주변 가까이에 있는 산과 바다부터 시작해서, 절벽과 폭포, 동굴 등 전국 방방곡곡에 **수려한** 장관들이 자리를 잡고 있죠. 그중에서도 동굴은 다른 곳에서는 느낄 수 없는 신비함이 느껴지는 곳 중 하나예요. ㉠동굴이란 땅속에 자연적으로 만들어진 공간을 말해요. 땅속에 있어 빛이 거의 없는 어두운 동굴에 들어가면 **미지의** 세계로 들어가는 듯한 느낌까지 들죠.

　우리나라에 있는 동굴은 약 1,000여 개 정도로 **추정**돼요. 여러 동굴은 각각이 지닌 **고유의** 특징에 따라 분류가 된답니다. 우리나라의 동굴은 크게 석회 동굴과 용암 동굴, 그리고 해식 동굴로 나눌 수 있어요. 석회 동굴은 이산화 탄소가 녹아 있는 지하수나 빗물에 의해 석회암이 녹으면서 만들어진 동굴을 말해요. 우리나라의 천연 동굴 대부분은 석회 동굴이에요.

　다음으로는 화산 폭발 후 용암이 흐른 자리에 만들어진 동굴인 용암 동굴이 있어요. 우리나라의 대표적인 용암 동굴로는 만장굴이 있어요. ㉡제주도에 있는 '만장굴'은 용암 동굴의 백과사전이라고 불릴 정도로 다양한 지형과 구조들이 잘 발달해 있어요. 만장굴 내부에는 전 세계에서 찾아볼 수 없는 아름다운 동굴 퇴적물들이 무수히 많이 있어서 그 가치가 정말 높다고 할 수 있죠.

　마지막으로 해식 동굴은 파도가 암벽을 계속해서 깎아 내려 만들어진 동굴이에요. 주로 절벽이 발달한 해안가에서 찾아볼 수 있죠. 우리나라의 경우 화산암으로 이루어진 제주도와 동해안의 **가파른** 해안선에서 쉽게 해식 동굴을 찾을 수 있답니다. 우리나라의 대표적인 해식 동굴로는 제주시 우도의 '주간명월'이라는 동굴이 있어요. 땅의 역사를 고스란히 간직하고 있는 다양한 동굴들은 학술, 문화, 산업 및 관광 자원의 측면에서 매우 중요해요.

▲ 석회 동굴

📖 어휘 풀이

• **경관**: 산이나 강, 바다 등의 자연이나 지역의 풍경.
• **수려한**: 매우 아름다운.
• **미지의**: 아직 알지 못하는.
• **추정**: 미루어 생각하여 짐작함.
• **고유의**: 본래부터 가지고 있는 특유한.
○ **가파른**: 산이나 길이 매우 기울어져 있는.

○ **가파르다와 완만하다**

▶ 산이나 길이 몹시 기울어져 있는 것을 '가파르다'고 한다. 반대로 경사가 급하지 않은 것을 '완만하다'고 한다.

문장의 정보 파악하기

1 ㉠에서 알 수 있는 정보는 무엇입니까? ( )

① 동굴의 정의
② 동굴의 기능
③ 동굴의 종류
④ 동굴이 훼손된 이유
⑤ 동굴 보호에 대한 의견

문해력 tip 문장의 정보 파악하기

문장에서 무엇을 설명하고 있는지 살펴보고 문장에 어울리는 이름표를 생각해 보세요. 글의 내용을 더 쉽게 요약할 수 있어요.

문장에 이름표 달기

2 ㉡ 문장에 대한 설명으로 알맞은 것에 ○표 하시오.

(1) ㉡에는 '만장굴의 목적'이라는 이름표를 달 수 있다. ( )
(2) ㉡에는 '만장굴의 특징'이라는 이름표를 달 수 있다. ( )
(3) ㉡에는 '만장굴의 단점'이라는 이름표를 달 수 있다. ( )
(4) ㉡을 통해 제주도의 대표적인 해식 동굴에 대하여 알 수 있다. ( )

문해력 tip 문장에 어울리는 이름표

어떤 일을 통해 이루려고 하는 것이나 어떤 일을 하는 까닭을 '목적'이라고 해요. 잘못되고 모자라는 점은 '단점'이라고 합니다.

3 다음 밑줄 그은 부분에 어울리는 문장의 이름표는 무엇입니까? ( )

마지막으로 해식 동굴은 파도가 암벽을 계속해서 깎아내려 만들어진 동굴이에요. 주로 절벽이 발달한 해안가에서 찾아볼 수 있죠. 우리나라의 경우 화산암으로 이루어진 제주도와 동해안의 가파른 해안선에서 쉽게 해식 동굴을 찾을 수 있답니다. <u>대표적인 해식 동굴로는 우리나라 제주시 우도의 '주간명월'이라는 동굴이 있어요.</u>

① 해식의 뜻
② 해식 동굴의 모양
③ 해식 동굴의 단점
④ 해식 동굴의 예시
⑤ 해식 동굴의 중요성

문해력 tip 문장의 의미

문장마다 담겨있는 내용과 의미가 다 달라요. 문장의 의미를 되새기며 글을 더 꼼꼼하게 읽어 보세요.

● 중심 내용 파악하기

4 이 글의 중심 내용으로 가장 알맞은 것은 무엇입니까? ──────────────── (　　　)

① 해식 동굴의 특징

② 지하수가 만든 지형

③ 우리나라 동굴의 분류

④ 용암 동굴과 석회 동굴의 차이점

⑤ 만장굴이 유명한 관광지가 된 이유

● 낱말 뜻 파악하기

5 다음과 같은 뜻을 가진 낱말은 무엇입니까? ──────────────── (　　　)

> 본래부터 가지고 있는 특유한 것.

① 미지　　　　　　② 경관　　　　　　③ 추정

④ 고유　　　　　　⑤ 지형

● 핵심 정보 파악

6 다음 빈칸에 알맞은 단어를 이 글에서 찾아 쓰시오.

> ☐☐ 동굴은 주로 절벽이 발달한 해안가에서 찾아볼 수 있다. 우리나라의 경우 화산암으로 이루어진 제주도와 동해안의 가파른 해안선에서 쉽게 찾을 수 있다.

(　　　　　　　)

7 다음 중 제주도의 만장굴에 대한 설명으로 알맞은 어느 것입니까? ──────────── (　　　)

① 동해안에 있는 동굴이다.

② 화산 활동으로 만들어진 동굴이다.

③ 만장굴에서는 동굴 퇴적물을 찾아볼 수 없다.

④ 파도가 암벽을 계속해서 깎아 내려 만들어진 동굴이다.

⑤ 이산화 탄소가 녹아 있는 지하수나 빗물에 의해 석회암이 녹으면서 만들어진 동굴이다.

우리나라의 동굴에 대해 알아볼까요?

>> 동굴에 대해 설명한 글을 읽었습니다. 빈칸에 들어갈 말을 [보기]에서 찾아 써넣으며 글 내용을 정리해 봅시다.

┌─ 보기 ─────────────────────────────────────┐
│ 석회   해안가   용암   화산암 │
│ 해식 동굴   관광   역사   용암 동굴 │
└───┘

5
일

3
주

정의 ─○ 땅속에 자연적으로 만들어진 공간

석회 동굴
• 빗물에 의해 석회암이 녹으면서 만들어 짐.
• 우리나라의 천연 동굴 대부분은 석회 동 굴임.

우리나라의 동굴

분류
❶ [   ]
• 화산 폭발 후 ❷ [   ]이 흐른 자리 에 만들어짐.
• 우리나라의 대표적인 용암 동굴: 만장굴

❸ [   ]
• 주로 ❹ [   ]에서 파도가 암벽을 계속해서 깎아 내려 만들어짐.
• 우리나라의 대표적인 해식 동굴: 주간 명월

가치 ─○ 땅의 역사를 고스란히 간직하고 있는 동굴은 학술, 문화, 산업 및 관광 자원의 측면에서 매우 중요.

●● '침식'과 '퇴적'의 뜻을 살펴보고 어떤 경우에 사용할 수 있을지 생각해 봅시다.

침식

(1) 지표의 바위나 돌, 흙 등이 빗물이나 냇물, 바람 등에 의해 깎여 나가는 것.
(2) 외부의 영향으로 범위가 점점 줄어듦.

퇴적

(1) 자갈이나 모래, 흙 등이 물과 바람 같은 요인에 의해 쌓이는 것.
(2) 많이 쌓임.

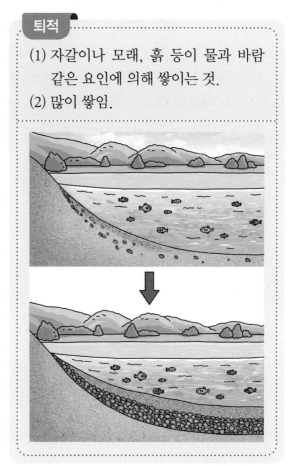

1 다음 빈칸에 들어갈 알맞은 말은 무엇입니까?·······················(   )

> 퇴적 작용으로 퇴적물이 오래 쌓이면 굳어져서 돌이 되기도 해요. 이렇게 생긴 돌이 [   ]암이랍니다. [   ]암에서는 공룡처럼 옛날에 살았던 생물의 몸체나 흔적이 발견되기도 합니다.

① 바람   ② 침식   ③ 퇴적
④ 운반   ⑤ 지형

2 '침식'과 '퇴적'을 잘못 사용한 문장은 무엇입니까?·······················(   )

① 그곳은 빙하에 의해 침식된 지형이다.
② 예전에 이곳은 자갈이 많이 퇴적하였던 곳이다.
③ 외래문화에 우리의 전통문화가 침식을 당하고 있다.
④ 동굴 퇴적물이 동굴 깊은 곳까지 아주 넓게 퍼져 있었다.
⑤ 침식 작용은 물이나 바람, 빙하 등에 의해 흙이 운반돼 일정한 곳에 쌓이는 것을 말한다.

4주

글의 짜임을 파악하며 읽기

문해력이 뛰어난 사람은 어떻게 읽을까?

문해력이 뛰어난 사람은 글을 구조적으로 읽어요. 글의 전개 방법을 파악하고 지금 읽고 있는 부분이 전체에서 어떤 역할을 하는지 머릿속에 그려 가며 읽기 때문에 글에 대한 이해도가 훨씬 높아요. 글 구조의 기본이 되는 세 가지 짜임에 대해 공부해 보아요.

4주에 공부할 내용

문해력 · 글의 짜임을 파악하며 읽기

1 일 4 주

이런 친구들을 위한 **문해력 솔루션!** ➕
- 글에 짜임이 있다는 것을 모른다.
- 문단과 문단의 관계가 어떠한지 모른다.
- 글 전체와 부분 부분의 내용을 관련지을 줄 모른다.

문단과 문단에 관계가 있다고?

● 글의 짜임이란 무엇일까?

사람이 동물과 다른 점에 대해서 글을 쓴다고 생각해 봐요.
글 내용이 어떻게 전개될까요?

● **짜임** 조직이나 구성.

① **두 발로 걷는다.** ▶ 두 발로 걸으니 손이 자유롭다 ……
② **언어를 사용한다.** ▶ 언어를 사용해 표현을 할 수 있다 ……
③ **불을 사용한다.** ▶ 불을 사용해서 음식을 익혀 먹는다 ……

이와 같이 사람이 동물과 다른 점 여러 가지를 떠올리게 될 거예요. 그리고 다른 점 여러 가지에 대해 내용을 추가해서 글을 쓰게 되겠죠?

즉, 글의 **짜임**이란 글의 조직, 글의 내용 구성을 뜻해요.

그렇다면 사람이 동물과 다른 점에 대해 쓴 글은 아래와 같은 설계도로 나타낼 수 있어요.

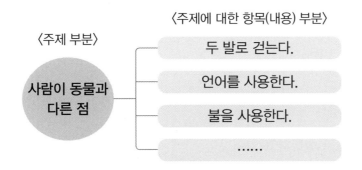

〈주제 부분〉
사람이 동물과 다른 점

〈주제에 대한 항목(내용) 부분〉
두 발로 걷는다.
언어를 사용한다.
불을 사용한다.
……

한 가지 주제에 대해 여러 가지 항목들이 나란히 늘어서는 글의 짜임이에요. 이러한 짜임에서 항목의 개수는 더 늘어날 수도 있어요.

글의 짜임이란 이처럼 **글 내용의 부분 부분들이 어떤 모습으로 글 전체를 이루는지 나타내는 글의 설계도**예요.

열거 짜임

문단의 관계를 생각하며 다음 글을 살펴볼까요?

● **나열** 나란히 줄을 짓거나 벌여 놓음.

> **사람은 두 발로 서서 걷는다.** 두 발로 걸으면 두 손이 자유롭다. 그래서 사람은 물건을 들고 이동할 수 있고 무기도 사용할 수 있다. ──○ 항목 1
>
> **사람은 언어를 사용한다.** 언어는 생각과 감정을 나누는 수단이다. 사람은 언어를 사용하여 동물과 달리 수준 높은 문화생활을 한다. ──○ 항목 2
>
> **사람은 불을 사용한다.** 사람은 불로 음식을 익혀 먹고, 불을 무기화하여 자연을 지배하게 되었다. ──○ 항목 3

모두 사람이 동물과 다른 점 세 가지를 ●나열한 글이에요. 이러한 글의 짜임을 **열거 짜임**이라고 해요. 열거 짜임의 글은 각 항목에 대한 주요 내용을 간추리며 읽는 것이 좋아요.

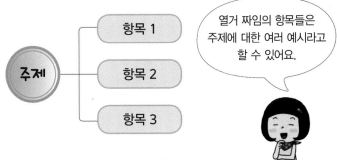

열거 짜임의 항목들은 주제에 대한 여러 예시라고 할 수 있어요.

순서 짜임

방패연을 만드는 방법을 생각하며 다음 글을 읽어 볼까요?

> **창호지와 연살을 준비합니다.** 창호지는 가로 36cm, 세로 40cm의 직사각형 모양으로 자르고, 연살은 대나무를 얇게 깎아 다섯 개를 준비합니다. ──○ 순서 1
>
> **먼저** 창호지 가운데에 **방구멍을 냅니다.** 방구멍은 연이 맞는 바람을 가운데로 흘려보내 중심을 잡아 주는 역할을 합니다. 방구멍의 지름은 연의 세로 길이를 삼등분 한 정도가 적당합니다. ──○ 순서 2
>
> **다음으로** 연살을 **붙입니다.** 연의 맨 윗부분을 가로로 지나게 하나 붙이고, 연의 네 귀를 ×자 모양으로 잇게 두 개를 붙입니다. 그리고 연의 가운데 부분을 세로와 가로로 각각 가로질러 붙입니다. ──○ 순서 3

순서를 나타내는 말

방패연을 만드는 방법에 대해 재료 준비하기, 방구멍 내기, 연살 붙이기의 순서로 설명하고 있어요. 이렇게 어떤 일의 차례나 방법을 순서대로 설명한 짜임을 **순서 짜임**이라고 해요. 순서 짜임의 글은 일의 방법과 차례를 생각하며 읽어요.

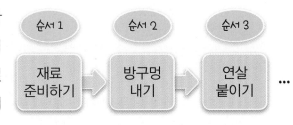

● 비교 대조 짜임

석가탑과 다보탑의 공통점과 차이점을 생각하며 다음 글을 읽어 볼까요?

> 석가탑과 다보탑은 경주 불국사에 있는 탑이다. 단단한 화강암으로 쌓아 올린 두 탑은 예술적 가치를 인정받아 모두 국보로 지정되었다.
>
> 석가탑은 층계가 뚜렷하지만 다보탑은 층계가 뚜렷하지 않다. 다보탑은 돌계단 위에 탑신과 난간이 여러 층으로 쌓여 화려한 인상을 주지만 석가탑은 밋밋한 돌층과 지붕으로만 이루어져 소박한 인상을 준다.

공통점

차이점

첫 번째 문단에는 두 탑의 공통점이, 두 번째 문단에는 두 탑의 차이점이 나와 있어요. 이렇게 두 대상의 공통점과 차이점을 중심으로 설명하는 글의 짜임을 **비교 대조 짜임**이라고 해요. 비교 대조 짜임의 글은 두 대상을 견주어 공통된 특징이나 차이점을 구분하여 읽어요.

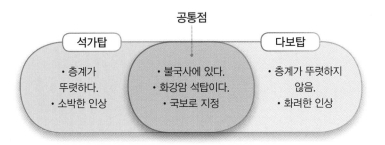

공통점

석가탑		다보탑
• 층계가 뚜렷하다. • 소박한 인상	• 불국사에 있다. • 화강암 석탑이다. • 국보로 지정	• 층계가 뚜렷하지 않음. • 화려한 인상

확인 문제 1　글의 짜임을 파악하며 읽기　　　　　　　　　　　　　　　▶ 정답 17쪽

◇ 다음과 같은 내용을 가진 글은 어떤 짜임을 가질지 [보기]에서 알맞은 짜임을 골라 쓰시오.

┌─ **보기** ─────────────────────────────────────┐
│　　　　　열거 짜임　　　　　순서 짜임　　　　　비교 대조 짜임　　　　　│
└──┘

(1) 색종이로 종이배를 접는 방법을 순서대로 설명한 글 ▶ (　　　　　　　　　　)
(2) 우리나라 전통놀이 네 가지의 특징과 유래를 설명한 글 ▶ (　　　　　　　　　)
(3) 한복과 기모노의 비슷한 점과 차이점을 구분하여 설명한 글 ▶ (　　　　　　　)

문해력 솔루션! | 글의 짜임을 파악하며 읽기

▶ 설명하고자 하는 대상이나 방법에 따라 글의 짜임이 다르다는 것을 기억하자.
▶ 글의 짜임에 따라 각 문단의 내용이 어떻게 연결되는지 생각하며 읽자.
▶ 열거, 순서, 비교 대조의 짜임에 알맞은 틀을 떠올리며 읽자.

●● 다음 글을 읽고 물음에 답하시오.

> 먼저 계란말이에 들어갈 야채를 ˙다집니다. 파와 양파 고추 등을 잘게 다져 놓습니다. 입맛에 따라 다른 야채를 추가해도 좋습니다.
>
> 다음으로 달걀 세 알을 깨서 그릇에 넣고 노른자와 흰자가 골고루 섞이게 저어 줍니다. 흰자가 보이지 않을 정도로 충분히 섞습니다.

● **다집니다** 채소나 야채 따위를 여러 번 칼질하여 잘 고 작게 만듭니다.

1 어떤 짜임이 어울리는 글인지 알맞은 것에 ○표 하시오.

(1) 열거 짜임 (   )

(2) 순서 짜임 (   )

(3) 비교 대조 짜임 (   )

2 글의 짜임으로 보아 [   ] 에 이어질 내용으로 가장 알맞은 것은 어느 것입니까? ─────────────────────── (   )

① 계란말이의 맛   ② 계란말이의 특징

③ 야채를 먹어야 하는 까닭   ④ 달걀의 여러 가지 영양 성분

⑤ 노른자와 흰자를 섞은 후 할 일

> 순서 짜임의 글은 그 다음 순서가 차례대로 전개될 거예요!

3 다음 글감에 대해 글을 쓰려면 어떤 짜임이 어울릴지 선으로 이으시오.

(1) 발효 식품의 특징 •   • ① 순서 짜임

(2) 김밥 만드는 방법 •   • ② 열거 짜임

(3) 자전거와 오토바이 •   • ③ 비교 대조 짜임

■글의 짜임의 특징

열거	특징 여러 가지를 늘어놓음.
순서	방법과 순서를 차례대로 전개함.
비교 대조	두 대상의 공통점과 차이점을 설명함.

4 비교 대조 짜임으로 글을 쓰기에 알맞은 글감을 한 가지만 써 보시오.

_____

사회

님비 현상과 바나나 현상

QR을 찍어 동영상을 보고
님비 현상과 핌피 현상에 대해 알아봅시다.

2
일

4
주

지역 이기주의에 대해 알아볼까요?

혐오 시설 반대

지하철역을
우리 지역에

쓰레기
소각장
반대

좋은
시설만!

우리
지역을
위해서

사회문제 | # 님비_현상 # 핌피_현상 # 시설_유치 # 지역_이기주의

▶ 동영상을 보고 알맞은 것에 ✔ 하세요.

▶ 정답 18쪽

1 지역 이기주의란 무엇인가요?

㉠ 자기 지역의 이익만을 고집하는 현상 ☐
㉡ 모두가 더불어 살기 좋은 사회를 만드는 현상 ☐

3 다음 중 님비 현상의 사례로 알맞은 것은 무엇인가요?

㉠ 자기 지역에 지하철역 개통을 요구함. ☐
㉡ 자기 지역에 쓰레기 소각장 설치를 반대함. ☐

2 이익이 되는 시설을 자기 지역에 두려는 현상을 무엇이라고 하나요?

㉠ 님비 현상 ☐
㉡ 핌피 현상 ☐

4 다음 중 지역 이기주의로 인한 문제로 알맞은 것은 무엇인가요?

㉠ 꼭 필요한 시설이 지어지지 못함. ☐
㉡ 지역 간의 대화와 소통이 활발해짐. ☐

사회 ⟶ 님비 현상과 바나나 현상

키워드 🔍	쉬움 보통 어려움
·님비 현상 ·바나나 현상	제재 ▭▭▭ 어휘 ▭▭▭ 문장 ▭▭▭

님비(NIMBY)는 '내 뒷마당에는 안 돼.'라는 뜻인 'Not In My BackYard'의 **약자**입니다. 즉, 님비 **현상**은 **혐오** 시설을 자신이 사는 지역에 세우지 말라고 반대하는 것입니다. 반면 바나나(BANANA)는 '어디에든 아무것도 짓지 마라.'라는 뜻의 영어의 약자입니다. 즉, 바나나 현상은 혐오 시설을 자신이 사는 지역은 물론 다른 지역에도 짓지 말라며 반대하는 것입니다. 님비 현상은 자기 지역 근처가 아닌 다른 곳에는 그 시설을 세워도 좋다는 뜻을 담고 있습니다. 반면 바나나 현상은 자기 지역이 아닌 다른 지역에도 그 시설을 세우면 안 된다고 이야기하는 것입니다.

▲ 님비 현상

쓰레기 처리장을 설치하는 경우를 예로 들어 봅시다. 쓰레기 처리장은 여러 지역의 쓰레기를 처리하기 위해 꼭 필요한 시설입니다. 그러나 쓰레기 처리장이 설치된 지역 **인근**의 주민들은 악취와 해로운 물질에 시달릴 위험을 떠안게 됩니다. 내 집 근처에 설치하는 것이 싫을 수밖에 없지요. 이때 '우리 지역 말고 다른 지역에 설치하세요.'라고 주장하는 것이 님비 현상, '우리 지역뿐만 아니라 어느 지역에도 설치하지 마세요.'라고 주장하는 것이 바나나 현상입니다. 두 현상 모두 환경 오염의 우려가 있거나 인근 주민들에게 불편함, 혐오감을 유발하는 시설의 설치를 반대합니다. 하지만 반대하는 **범위**가 자기 지역뿐이냐 아니냐의 차이가 있는 것이지요.

님비 현상과 바나나 현상 모두 지역 이기주의입니다. 사회 전체의 이익을 고려하지 않고 자신들의 입장만 내세우는 것이니까요. 이런 현상 때문에 꼭 필요한 시설이 적절한 위치에 세워지지 못하는 문제가 생길 수도 있습니다. 그러나 다수의 이익을 위해 **소수**에게 무조건 희생하라고 강요할 수는 없습니다. 따라서 우리가 서로의 말에 귀를 기울이고 최선의 해결책을 찾는 것이 중요한 과제입니다.

📖 어휘 풀이

· **약자**: 여러 글자로 된 말을 일부 줄여 만든 글자.
· **현상**: 사물이나 일의 모양과 상태.
· **혐오**: 싫어하고 미워함.
· **인근**: 주위의 가까운 곳.
· **범위**: 일정하게 제한된 영역.
○ **소수**: 적은 수.

○ 소수의 한자

少 數
적을 소 　 셀 수

▶ 적은 수, 수효.
🔖 소수의 의견이라도 존중해야 한다.

○ 글의 짜임 파악하기

1 이 글의 짜임으로 알맞은 것의 기호를 쓰시오.

> ㉠ 열거 짜임   ㉡ 순서 짜임   ㉢ 비교 대조 짜임

(   )

님비 현상과 바나나 현상의 공통점과 차이점을 드러내어 설명하는 글입니다.

○ 글의 짜임 파악하기

2 다음 이 글의 짜임에서 ㉠~㉢에 들어갈 내용이 바르게 연결된 것은 무엇입니까? ································· (   )

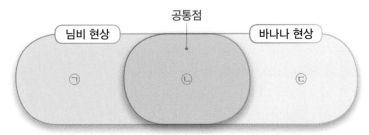

공통점

님비 현상   바나나 현상

㉠   ㉡   ㉢

① ㉠ – 우리 생활에 꼭 필요한 시설은 반대하지 않는다.

② ㉡ – 유료 시설만을 대상으로 한다.

③ ㉡ – 자기 지역의 이익을 위해서 여러 사람이 모여 행동하는 것이다.

④ ㉢ – 다른 지역이 이익을 얻는 것을 방해하기 위한 행동이다.

⑤ ㉢ – 혐오 시설을 자기 지역이 아닌 다른 지역에 지으라고 주장한다.

2
일

4
주

문해력 tip
두 현상의 특징을 정리하여 비교해 보면 두 현상의 공통점과 차이점을 알 수 있습니다.

○ 글의 짜임과 어울리는 주제 찾기

3 다음 중 이 글과 같은 짜임으로 글을 쓸 사람은 누구인지 쓰시오.

> 다혜: 우리 반 친구들에게 고마웠던 일들을 글로 쓸 거야.
> 성일: 초등학생을 위한 추천 영화를 알려 주는 글을 쓸 거야.
> 소민: 동해와 서해의 공통점과 차이점을 설명하는 글을 쓸 거야.
> 진우: 지하철역에서 우리 학교까지 오는 길을 안내하는 글을 쓸 거야.

(   )

문해력 tip 내용에 맞는 짜임
글을 쓰기 전에 글에 꼭 들어가야 할 내용을 정리하면 어울리는 짜임을 찾을 수 있습니다.

○ 핵심 정보 파악

4 다음 중 님비 현상에 대한 설명으로 알맞은 것은 무엇입니까?⋯⋯⋯⋯⋯⋯ (   )

① 사회 전체의 이익에 도움이 되는 행동이다.

② '내 뒷마당에는 안 돼.'라는 뜻을 가지고 있다.

③ 필요한 시설을 적절한 위치에 짓는 데 도움이 된다.

④ 지하철역 등 자기 지역에 이익이 되는 시설을 대상으로 한다.

⑤ 자기 지역에 세우기 싫은 시설은 다른 지역에도 세우지 말라고 하는 것이다.

○ 글의 내용 파악하기

5 다음 중 바나나 현상에 대하여 <u>잘못</u> 이해한 사람의 이름을 쓰시오.

> 태민: 바나나 현상의 대상이 되는 시설은 지역 주민들에게 불쾌감을 줄 수 있어.
> 지호: 바나나 현상은 자기 지역보다는 다른 지역의 이익을 중요하게 여기는 현상이야.
> 연지: 자기 지역에 댐을 지을 때 환경이 파괴되는 것을 주민들이 알게 된다면 바나나 현상이 발생할 수 있어.

(   )

○ 글의 내용 간추리기

6 이 글의 내용을 가장 잘 간추린 것의 기호를 쓰시오.

> ㉠ 님비 현상과 바나나 현상은 지역 이기주의이다. 두 현상 때문에 필요한 시설이 적절한 위치에 세워지지 못한다.
> ㉡ 님비 현상은 바나나 현상과는 달리 자기 지역의 혐오 시설 설치만 거부하는 것이다. 혐오 시설을 다른 지역에 설치하는 것을 반대하지 않는다는 점에서 바나나 현상보다 사회 전체의 이익에 도움이 된다.
> ㉢ 님비 현상은 자기 지역에 혐오 시설 설치를 반대하는 것이고, 바나나 현상은 자기 지역뿐만 아니라 다른 지역에도 부정적인 시설을 설치하지 말라는 것이다. 이 현상들은 모두 지역 이기주의로, 사회적 이익에 문제를 발생시킬 수 있다.

(   )

님비 현상과 바나나 현상에 대해 알아볼까요?

≫ 님비 현상과 바나나 현상에 대해 설명하는 글을 읽었습니다. 빈칸에 들어갈 말을 [보기]에서 찾아 써넣으며 글 내용을 정리해 봅시다.

> **보기**
>
> | 님비 | 바나나 | 반대 | 환경 오염 |
> | 혐오 시설 | 주민 | 이기주의 | 사회 |

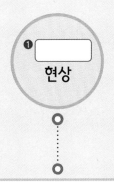

❶ [　　　] 현상

❷ [　　　] 현상

- 'Not In My BackYard', 즉 '내 뒷마당에는 안 돼.'라는 의미이다.
- 자기 지역에 ❸[　　　　]을 짓지 말라고 주장하는 것이다.

- '어디에든 아무것도 짓지 마라.'라는 의미이다.
- 자기 지역뿐만 아니라 모든 지역에 혐오 시설을 짓지 말라고 주장하는 것이다.

두 현상의 공통점

- 혐오 시설 설치를 ❹[　　　　]하는 입장이다.
- 사회적 이익에 방해가 되는 지역 ❺[　　　　]이다.
- 꼭 필요한 시설을 적절한 위치에 짓지 못하는 문제가 발생할 수 있다.

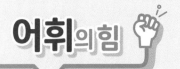
어휘의힘

小 / 少

▶ 정답 18쪽

小(작을 소)와 少(적을 소)는 서로 다른 뜻을 가졌지만 헷갈리기 쉬운 한자들이에요. 두 글자 사이에 어떤 차이가 있는지 알아볼까요?

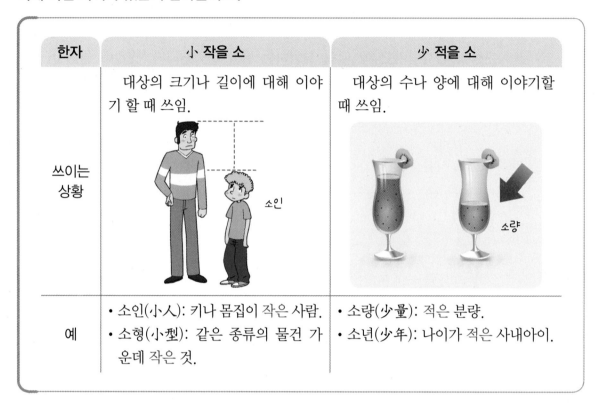

한자	小 작을 소	少 적을 소
쓰이는 상황	대상의 크기나 길이에 대해 이야기 할 때 쓰임. 소인	대상의 수나 양에 대해 이야기할 때 쓰임. 소량
예	• 소인(小人): 키나 몸집이 작은 사람. • 소형(小型): 같은 종류의 물건 가운데 작은 것.	• 소량(少量): 적은 분량. • 소년(少年): 나이가 적은 사내아이.

1 다음 설명을 읽고 小와 少 중 각 한자와 반대되는 것은 무엇인지 골라 쓰시오.

(1)
多
많을 다
수나 분량이 일정 기준 이상임을 뜻함.

(   )

(2)
大
클 대
넓이, 높이, 부피 등이 일정 기준 이상임을 뜻함.

(   )

2 다음 밑줄 친 글자의 한자로 알맞은 것을 줄로 이으시오.

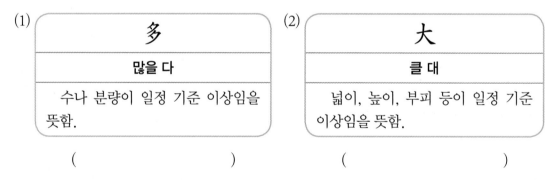

(1) 상품을 <u>소</u>량으로 구매하는 것도 가능하다. •

(2) 동생의 머리에 맞는 <u>소</u>형 헬멧을 사야겠다. •

• ① 小

• ② 少

과학 ○─ 생활 속 지렛대 원리

QR을 찍어 동영상을 보고
수평 잡기의 원리에 대해 알아봅시다.

배경지식의 힘

3
일

4
주

수평 잡기의 원리는
어떤 곳에
이용될까요?

 수평_잡기 | # 시소 | # 발레 | # 리듬_체조 | # 브레이크_댄스

▶ 동영상을 보고 알맞은 것에 ✔ 하세요.

▶ 정답 19쪽

1 수평이란 무엇인가요?

㉠ 두 물체의 성질이 완전히 같은 상태 ☐
㉡ 어느 쪽으로도 기울어지지 않은 상태 ☐

2 수평을 잡기 위해 알아보아야 할 것은 무엇
인가요?

㉠ 물체의 무게 ☐
㉡ 물체의 색깔 ☐

3 무게가 같은 두 물체 간의 수평을 잡는 방법
으로 알맞은 것은 무엇인가요?

㉠ 두 물체를 받침점으로부터 같은 거리에 둡니다. ☐
㉡ 한 물체를 다른 물체보다 받침점에서 먼 곳에
놓습니다. ☐

4 무게 차이가 나는 물체 간의 수평을 잡는 방
법으로 알맞은 것은 무엇인가요?

㉠ 무거운 물체를 가벼운 물체보다 받침점 멀리 놓
습니다. ☐
㉡ 무거운 물체를 가벼운 물체보다 받침점 가까이
놓습니다. ☐

과학 ○ 생활 속 지렛대 원리

키워드 🔍		쉬움	보통	어려움
• 지렛대 원리	제재			
• 도구	어휘			
	문장			

지렛대는 무거운 물건을 들 수 있게 해 주는 도구이다. 지렛대에는 직접적으로 힘을 주는 힘점, 받쳐 주는 받침점, 힘이 작용하는 작용점이 있다. 힘점과 받침점 사이의 거리가 받침점과 작용점 사이의 거리보다 멀수록 작은 힘으로 큰 힘을 낼 수 있다. 그래서 지렛대 원리는 **발견**된 이후 니퍼, 병따개, 손톱깎이 등 생활 속 다양한 도구에 적용되었다. 그중 몇 가지 예시를 살펴보면 다음과 같다.

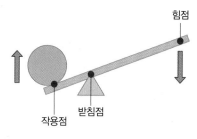

첫째로 어렸을 때 놀이터에서 자주 타던 시소에서 지렛대 원리를 찾아볼 수 있다. 몸무게 차이가 크게 나는 두 사람이 함께 시소를 타기 위해서는 가벼운 사람이 무거운 사람을 들어 올릴 만큼의 힘을 내야 한다. 이 경우에는 가벼운 사람이 앉은 자리가 힘을 주는 힘점, 시소의 중심부가 받침점, 그리고 무거운 사람이 앉은 자리가 힘이 작용하는 작용점이 된다. 그래서 가벼운 사람이 무거운 사람보다 중심부에서 멀리 떨어져 앉으면 시소가 수평을 이룰 수 있다.

두 번째로, 종이를 자를 때 쓰는 가위에서도 지렛대 원리를 찾아볼 수 있다. 가위의 경우 손으로 잡고 물체를 자를 힘을 주는 부분인 손잡이가 힘점, 가윗날이 교차하는 부분이 받침점, 그리고 물체를 자르는 가윗날이 작용점이 된다. 무언가를 자를 때 가윗날 끝부분보다 날이 **교차**하는 지점에 가까워질수록 잘 잘리는 것도 받침점과의 거리 변화 때문이다.

세 번째로 소개할 도구는 **장도리**이다. 장도리를 사용해서 벽에 박힌 못을 뺄 때 손으로 잡고 힘을 주는 손잡이 부분이 힘점, 벽과 맞닿아 장도리를 지탱하는 부분이 받침점, 그리고 장도리에 못이 걸린 부분이 작용점이다. 받침점이 힘점보다 작용점에 훨씬 가깝기 때문에 장도리를 사용하면 벽에 단단히 박힌 못을 쉽게 빼낼 수 있다.

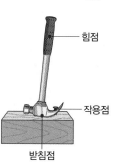

┌─────────────────── ㉠ ───────────────────┐

📖 어휘 풀이

- **지렛대**: 무거운 물건을 들거나 움직이는 데에 쓰는 막대.
- **발견**: 어떤 사물이나 현상을 찾아냄.
- **교차**: 서로 엇갈림.
- **장도리**: 한쪽은 못을 박는 데 쓰고, 다른 한쪽은 못을 빼는 데 쓰는 도구.

○ 교차

▶ 서로 엇갈리는 길을 '교차로'라고 합니다.

1문단은 지렛대 원리에 대해서 2, 3, 4문단은 지렛대 원리가 적용된 다양한 도구에 대해서 설명하고 있습니다.

○ 글의 짜임 파악하기

1 이 글의 짜임으로 알맞은 것의 번호를 쓰시오.

> ① 열거 짜임   ② 순서 짜임   ③ 비교 대조 짜임

(   )

○ 글의 짜임 파악하기

2 이 글의 짜임을 다음과 같이 정리할 때 ㉮ 에 들어갈 말로 알맞은 것을 쓰시오.

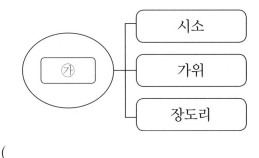

> ㉮ ── 시소
>
> ㉮ ── 가위
>
> ㉮ ── 장도리

(   )

○ 글의 짜임에 따른 특징 파악하기

3 짜임을 생각했을 때 이 글에 대한 설명으로 알맞지 <u>않은</u> 것의 번호를 쓰시오.

> ① 도구별 재료의 차이점을 잘 보여 주는 글이다.
> ② 어떤 원리를 설명하고 그 원리가 적용된 예시를 나열한 글이다.
> ③ 시소, 가위, 장도리의 설명 순서를 바꾸어도 글의 흐름이 자연스럽게 이어진다.

(   )

문해력 tip   **열거와 비교 대조**

글의 목적이 같은 주제를 가진 대상들을 열거하는 것인지, 여러 대상을 비교하는 것인지 생각하여 구분해 봅시다.

○ 글의 짜임에 따라 이어질 내용 추론하기

4 글의 짜임을 생각했을 때 ㉠ 에 들어갈 내용에 대한 설명으로 가장 알맞은 것은 무엇입니까? ·· (   )

① 장도리의 발명 과정에 대해 설명한다.
② 지렛대 원리와 관련 없는 도구들을 소개한다.
③ 지렛대 원리를 처음 발견한 사람을 소개한다.
④ 지렛대 원리를 찾아볼 수 있는 도구를 더 소개한다.
⑤ 장도리가 없을 때 못을 뽑을 수 있는 방법을 설명한다.

문해력 tip   **짜임의 특성**

글의 문단 간의 관계를 살펴보면 빈칸의 내용을 추론할 수 있습니다.

핵심 정보 파악

5 다음 중 지렛대 원리에 대한 설명으로 알맞지 <u>않은</u> 것은 무엇입니까? ⋯⋯⋯⋯ (   )

① 작은 힘으로 더 큰 힘을 낼 수 있게 해 준다.

② 사람이 도구에 힘을 주는 부분을 힘점이라고 부른다.

③ 물건을 드는 것뿐만 아니라 다양한 일에 쓰이고 있다.

④ 힘이 대상으로 전달되는 부분을 작용점이라고 부른다.

⑤ 작용점보다 힘점이 받침점에 가까울수록 큰 힘을 낼 수 있다.

글의 내용 파악하기

6 다음 그림에 대한 설명으로 알맞지 <u>않은</u> 것의 번호를 쓰시오.

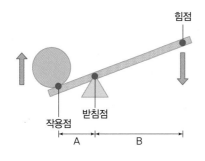

① B가 A보다 길수록 더 작은 힘으로 물체를 들어 올릴 수 있다.

② 물체의 크기가 커졌을 때, 이전과 같은 힘으로 공을 들어 올리기 위해서는 B의 길이를 줄여야 한다.

③ 물체의 무게가 무거워졌을 때, 이전과 같은 힘으로 공을 들어 올리기 위해서는 A의 길이를 줄여야 한다.

(   )

글을 읽고 추론하기

7 다음을 보고 알 수 있는 것의 번호를 쓰시오.

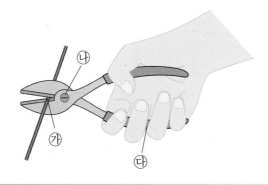

① 지렛대 원리가 사용되지 않은 도구이다.

② ㉮는 받침점, ㉯는 작용점, ㉰는 힘점이다.

③ 힘점과 받침점 사이의 거리가 받침점과 작용점 사이의 거리보다 멀어서 더 약한 힘으로도 물체를 자를 수 있다.

(   )

지렛대 원리에 대한 내용을 정리해 볼까요?

≫ 지렛대 원리에 대해 설명하는 글을 읽었습니다. 빈칸에 들어갈 말을 [보기]에서 찾아 써넣으며 글 내용을 정리해 봅시다.

┌─ 보기 ─────────────────────────────────┐
│   지렛대   힘점   받침점   작용점   │
│   장도리   못   가위   무게   │
└──┘

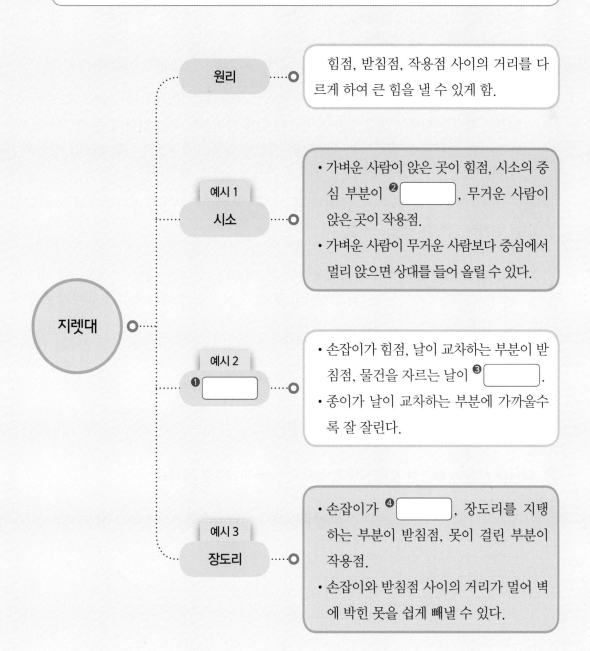

지렛대

원리
힘점, 받침점, 작용점 사이의 거리를 다르게 하여 큰 힘을 낼 수 있게 함.

예시 1 시소
• 가벼운 사람이 앉은 곳이 힘점, 시소의 중심 부분이 ❷[   ], 무거운 사람이 앉은 곳이 작용점.
• 가벼운 사람이 무거운 사람보다 중심에서 멀리 앉으면 상대를 들어 올릴 수 있다.

예시 2 ❶[   ]
• 손잡이가 힘점, 날이 교차하는 부분이 받침점, 물건을 자르는 날이 ❸[   ].
• 종이가 날이 교차하는 부분에 가까울수록 잘 잘린다.

예시 3 장도리
• 손잡이가 ❹[   ], 장도리를 지탱하는 부분이 받침점, 못이 걸린 부분이 작용점.
• 손잡이와 받침점 사이의 거리가 멀어 벽에 박힌 못을 쉽게 빼낼 수 있다.

 **발견 / 발명**

▶ 정답 19쪽

● 발견과 발명은 어떻게 다를까요? 발견과 발명을 구분해 봅시다.

▲ 뉴턴은 사과를 보고 만유인력의 법칙을 발견했다.

▲ 과학자가 새로운 로봇을 발명했다.

발견은 이미 존재하고 있던 것을 찾아내는 것을 의미해요. 만유인력 같은 자연의 법칙이나 새로운 물질 등은 발견되는 것이지요. 반면에 **발명**은 아직까지 없던 새로운 것을 만들어 내는 것을 의미해요. 로봇 같은 새로운 기계나 도구는 발명되는 것이지요.

1 다음 빈칸에 알맞은 말을 쓰시오.

> 과학의 날을 맞이하여 학교에서 행사가 열렸다. 친구는 개미를 관찰하며 개미의 새로운 습성을 [㉠]하고 싶다고 했다. 나는 물 로켓을 더 빠르게 날리기 위한 새로운 날개를 [㉡]해 보고 싶다.

(1) [㉠] : (   ) (2) [㉡] : (   )

2 다음을 사람이 발견한 것과 발명한 것으로 나누어 기호를 쓰세요.

> ㉠ 전기   ㉡ 중력   ㉢ 자동차   ㉣ 컴퓨터   ㉤ 에스컬레이터

(1) 발견	
(2) 발명	

한국사

백성을 가르치는 바른 소리

배경지식의 힘

QR을 찍어 동영상을 보고
세종의 여진 정벌에 대해 알아봅시다.

나는 왕이로소이다: 세종의 여진 정벌

한글 | # 세종 # 백성_사랑 # 여진_정벌 # 국경선

▶ 동영상을 보고 알맞은 것에 ✓ 하세요.

▶ 정답 20쪽

1 세종은 어떤 왕이었나요?

㉠ 백성을 사랑하고 아끼는 왕 ☐
㉡ 백성의 삶보다는 자신의 편안함을 중요하게
생각한 왕 ☐

2 세종이 여진 정벌을 시작한 이유는 무엇인가
요?

㉠ 여진족이 사는 땅에 진귀한 보물이 많아서 ☐
㉡ 여진족의 공격으로 백성들이 고통을 받아서 ☐

3 세종은 여진 정벌을 위한 군사가 부족하다는
신하의 말을 듣고 어떻게 했나요?

㉠ 군사를 더 내주며 정벌을 지원하였습니다. ☐
㉡ 군사가 부족하니 정벌을 포기하라고 명하였습니
다. ☐

4 여진 정벌로 인한 성과는 무엇인가요?

㉠ 오늘날의 국경선을 성립 ☐
㉡ 오늘날보다 큰 영토 차지 ☐

한국사 ○ 백성을 가르치는 바른 소리

키워드 Q
・훈민정음
・세종

	쉬움	보통	어려움
제재			
어휘			
문장			

　한글이 만들어지기 전, 우리 조상들은 한자로 글을 썼어. 한자는 어렵고 배우는 데 오랜 시간이 걸리는 문자여서 **문맹**인 백성이 많았단다. 조선의 네 번째 왕 세종은 이를 안타깝게 여겼어. 그래서 백성들이 사용하기 쉬운 우리만의 문자를 만들겠다고 결심했지.

　먼저 세종은 새로운 문자를 만들기 위한 연구를 했어. 세종이 만들고 싶은 것은 우리말을 소리 나는 대로 적을 수 있고, 배우기 쉬운 문자였어. 그런 과학적인 문자를 만들기 위해서는 언어에 관한 많은 공부가 필요했지. 세종은 중국에서 말소리를 연구한 책을 구해다 읽고, 발음 기관의 위치와 모양뿐 아니라 소리가 나는 원리까지 배웠어. 책을 너무 많이 읽어서 **눈이 어두워졌지만** 포기하지 않았단다.

　오랜 공부 끝에 세종은 자음과 모음을 만들기 시작했어. 세종은 **발음 기관**을 **본떠** 자음을 만들기로 했지. 입술, 치아, 목구멍 등의 발음 기관의 모양을 보고 자음을 만든 거야. 그렇다면 모음은 무엇을 본떠 만들었을까? 바로 하늘, 땅, 사람의 모습이야. 하늘을 본뜬 'ㆍ', 땅을 본뜬 'ㅡ', 그리고 사람을 본뜬 'ㅣ'를 만들고 이들을 조합하여 여러 모음을 만들었지. 세종은 발음되는 위치와 하늘과 땅의 이치를 담은 28개의 새 문자를 만들어 낸 거야. 이 문자가 바로 훈민정음이야. '백성을 가르치는 바른 소리'라는 뜻이지.

　그런데 새로 문자를 만들고 나니 그 사용법도 만들어야 했어. 그래서 세종은 자음과 모음을 모아 적을 때 각각 어느 위치에 써야 하는지, 어떻게 합쳐 적어야 하는지 정리해서 훈민정음의 사용법도 **고안**해 냈단다. 이러한 훈민정음의 **창제** 원리와 사용법을 담은 『훈민정음해례본』 역시 세종의 훌륭한 업적이야. 쉬지 않는 세종의 모습에서 백성을 향한 사랑이 느껴지지 않니?

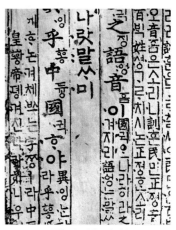

▲『훈민정음언해본』

📖 어휘 풀이

・**한글**: 훈민정음을 다르게 이르는 말.
・**문맹**: 글을 읽거나 쓸 줄 모르는 사람.
・**눈이 어두워졌지만**: 눈이 잘 보이지 않았지만.
・**발음 기관**: 말소리를 내는 데 쓰는 몸의 각 부분.
・**본떠**: 무엇을 본보기로 삼아.
・**고안**: 연구하여 새로운 것을 생각해 냄.
・**창제**: 전에 없던 것이 처음으로 만들어짐.

○ **문맹과 관련된 속담**

낫 놓고 기역 자도 모른다
▶ 글자를 모르거나 아주 무식한 사람을 가리키는 표현.

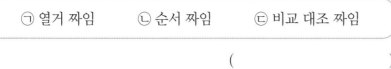

글의 짜임 파악하기

1 이 글의 짜임으로 알맞은 것의 기호를 쓰시오.

> ㉠ 열거 짜임 ㉡ 순서 짜임 ㉢ 비교 대조 짜임

( )

> 훈민정음이 어떻게 만들어져 지금까지 쓰이게 되었는지 알려 주는 글입니다.

글의 짜임 파악하기

2 글을 읽고 ㉠ 에 들어갈 말을 쓰시오

> 문맹인 백성들을 안타깝게 여김.
>
> ↓
>
> ㉠
>
> ↓
>
> 자음과 모음을 만듦.

( )

4 일

4 주

짜임과 어울리는 주제 찾기

3 이 글과 같은 짜임으로 쓸 수 있는 글감을 한 가지 쓰시오.

( )

문해력 tip

역사적 사건에 대해 설명하는 글은 일이 일어난 시간순으로 전개되는 경우가 많습니다.

글의 짜임에 따라 내용 이해하기

4 세종이 한 일을 알맞은 순서대로 나열하시오.

> ㉠ 말소리와 발음 기관에 대해 공부함.
> ㉡ 문맹인 백성들이 배우기 쉬운 문자를 만들겠다고 결심함.
> ㉢ 발음 기관을 본뜬 자음과 하늘과 땅의 이치를 담은 모음을 만듦.
> ㉣ 훈민정음 창제 원리와 사용법이 담긴 『훈민정음해례본』을 만듦.

( ) → ( ) → ( ) → ( )

문해력 tip 순서 정리하기

시간 순서대로 사건을 정리하면 일의 차례를 파악할 수 있습니다.

◉ 핵심 정보 파악

5 훈민정음에 대한 사실로 알맞지 <u>않은</u> 것은 무엇입니까? .... (　　)

① 문맹인 백성들이 만든 문자이다.

② 자음과 모음으로 구성되어 있다.

③ '백성을 가르치는 바른 소리'라는 뜻이다.

④ 『훈민정음해례본』에 창제 원리가 담겨 있다.

⑤ 처음 만들어졌을 때 28개의 자음과 모음이 있었다.

◉ 글의 내용 파악하기

6 다음 중 알맞은 것을 골라 기호를 쓰시오.

> ㉠ 'ㅡ'는 하늘을 본떠 만들어진 모음이다.
> ㉡ 자음은 입술, 치아, 목구멍 등의 모양을 본떠 만들어졌다.
> ㉢ 자음과 모음을 모아쓰는 방법은 세종이 죽고 난 뒤 만들어졌다.

(　　　　　　)

◉ 글을 읽고 추론하기

7 다음을 읽고 알 수 있는 것으로 알맞지 <u>않은</u> 것의 기호를 쓰시오.

> 글을 읽지 못하는 이들을 위해 손수 훈민정음을 만든 세종 대왕의 정신은 지금도 높이 평가된다. 특히 유네스코에서는 문맹 퇴치를 위해 노력한 사람들에게 세종 대왕의 이름을 딴 유네스코 세종 대왕 문해상을 수여한다.

> ㉠ 훈민정음은 세계에서 가장 우수하고 널리 쓰이는 문자로 인정받고 있다.
> ㉡ 세종 대왕과 세종 대왕 문해상을 만든 사람들은 훈민정음의 필요성에 대해 같은 생각을 가지고 있다.
> ㉢ 유네스코에서 세종 대왕의 이름을 딴 상을 주는 것은 훈민정음을 만든 세종 대왕의 정신을 높이 평가하기 때문이다.

(　　　　　　)

훈민정음에 대해 알아볼까요?

>> 훈민정음에 대해 설명하는 글을 읽었습니다. 빈칸에 들어갈 말을 [보기]에서 찾아 써 넣으며 글 내용을 정리해 봅시다.

4
일

4
주

보기

한글	자음	모음	한자
문맹	훈민정음	말소리	사용법

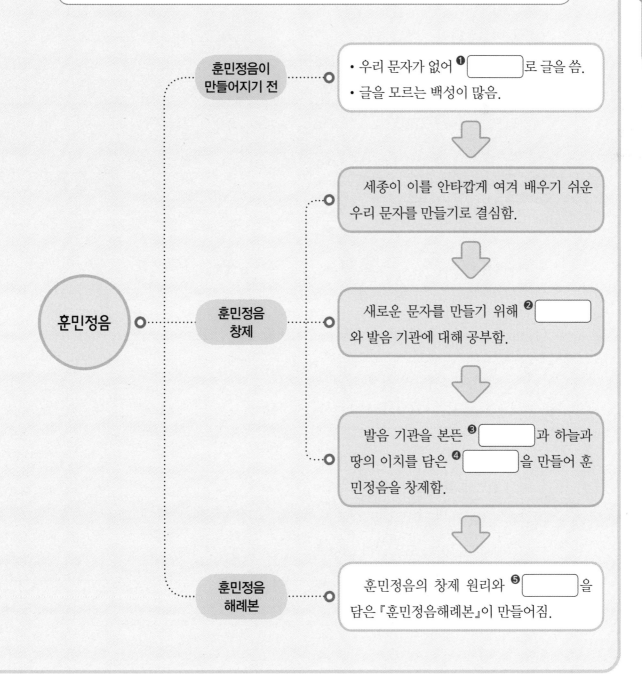

훈민정음이 만들어지기 전
- 우리 문자가 없어 ❶[　　　]로 글을 씀.
- 글을 모르는 백성이 많음.

↓

세종이 이를 안타깝게 여겨 배우기 쉬운 우리 문자를 만들기로 결심함.

↓

훈민정음 창제
새로운 문자를 만들기 위해 ❷[　　　]와 발음 기관에 대해 공부함.

↓

발음 기관을 본뜬 ❸[　　　]과 하늘과 땅의 이치를 담은 ❹[　　　]을 만들어 훈민정음을 창제함.

↓

훈민정음 해례본
훈민정음의 창제 원리와 ❺[　　　]을 담은 『훈민정음해례본』이 만들어짐.

훈민정음

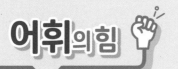
우리말에 원래 있던 말이나, 그 말을 바탕으로 만들어진 말을 고유어라고 부릅니다. 즉, 한자어나 외래어가 아닌 순수한 우리말이지요. 그럼 고유어에는 어떤 것들이 있는지 그림과 함께 알아볼까요?

시나브로

모르는 사이에 조금씩 조금씩.

아직 겨울인 줄 알았는데, 시나브로 봄이 오고 있었나 봐.

샛별

금성을 가리키는 말.

해가 뜨기 전에는 샛별이 보이네!

너울

바다의 크고 사나운 물결.

저 너울 좀 봐.

하늬바람

서쪽에서 부는 바람.

서쪽에서 불어오는 것을 보니 하늬바람이구나.

1 다음 [   ] 안에 들어갈 알맞은 고유어를 찾아 선으로 이으시오.

(1) 바다에는 바람이 거세게 불며 [   ]이 일었다.

・① 너울

(2) [   ] 키가 자랐는지 오랜만에 입어 본 바지가 짧았다.

・② 시나브로

2 [보기]에서 고유어를 모두 골라 쓰시오.

보기

빵   노트   아침   학교   노을

(   )

과학

혈액은 산소 배달 중

배경지식의 힘

QR을 찍어 동영상을 보고 혈액에 대해 알아봅시다.

5 일

4 주

우리 몸의 혈액도 혼합물인가요?

적혈구   백혈구

혈액 | # 혈장   # 적혈구   # 백혈구   # 혈소판

▶ 동영상을 보고 알맞은 것에 ✔ 하세요.

▶ 정답 21쪽

1 혈액에 대한 설명으로 알맞은 것은 무엇인가요?

㉠ 혈액은 혈장과 혈구로 구성되어 있습니다. ☐
㉡ 혈액은 하나의 성분으로 구성되어 있습니다. ☐

2 혈액이 붉은색으로 보이는 이유는 무엇인가요?

㉠ 혈장이 붉은색이기 때문입니다. ☐
㉡ 적혈구에 헤모글로빈이 포함되어 있기 때문입니다. ☐

3 백혈구는 어떤 일을 하나요?

㉠ 산소를 운반합니다. ☐
㉡ 몸에 해로운 균을 없앱니다. ☐

4 혈소판에 대해 알맞게 설명한 것은 무엇인가요?

㉠ 혈구 중 가장 크기가 큽니다. ☐
㉡ 상처가 났을 때 혈액을 응고시킵니다. ☐

과학 ○ 혈액은 산소 배달 중

키워드 🔍
• 혈액 순환
• 산소 공급

	쉬움	보통	어려움
제재			
어휘			
문장			

혈액은 우리 몸을 순환하며 곳곳에 산소를 운반합니다. 심장에 있던 혈액은 산소를 가지러 폐를 향해 출발합니다. 심장은 심방과 심실로 나누어져 있습니다. 심방은 혈액이 심장으로 들어오는 입구이고 심실은 혈액이 심장에서 나가는 출구입니다. 심방과 심실은 심장의 오른쪽에 있는 우심방, 우심실과 왼쪽에 있는 좌심방, 좌심실로 나뉩니다. 심장의 입구가 2개, 출구도 2개인 셈이지요. 먼저 이 중 우심실에 있던 혈액이 폐로 이동합니다. 우심실에서 나온 혈액은 폐동맥을 통해 폐로 흘러 들어가게 됩니다. 동맥은 심장에서 나오는 혈액이 지나가는 길입니다. 동맥 중 폐와 연결된 동맥이 바로 폐동맥입니다.

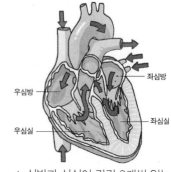

▲ 심방과 심실이 각각 2개씩 있는 심장의 단면

폐에 도착한 혈액은 폐로부터 우리가 숨 쉴 때 몸 안으로 들어온 산소를 전달 받습니다. 산소를 받은 혈액은 온몸으로 퍼져 산소를 나르기 위해서 다시 심장으로 돌아갑니다. 이때에는 폐로 들어갈 때와 다르게 폐정맥을 통해 이동합니다. 정맥은 혈액이 심장으로 들어가는 길입니다. 폐정맥은 폐와 이어진 정맥입니다.

폐정맥을 통해 흘러온 혈액은 심장의 좌심방으로 들어갑니다. 그러고는 **판막**을 지나 좌심실로 이동합니다. 다시 한번 심장에서 나갈 준비를 하는 것이지요.

좌심실에서 나온 혈액은 **대동맥**을 통해 온몸에 퍼져 있는 **모세 혈관**으로 산소 배달을 떠납니다. 모세 혈관을 지나가며 우리 몸 곳곳에 산소를 공급하는 것입니다. 이때 혈액은 산소를 **공급**하는 역할뿐만 아니라 우리 몸에서 만들어진 이산화 탄소를 **수거**하는 역할도 한답니다.

산소 배달이 끝난 혈액은 **대정맥**을 타고 심장의 우심방으로 들어갑니다. 혈액이 몸을 한 바퀴 도는 것이 무사히 끝난 것이지요. 돌아온 혈액은 수거한 이산화 탄소를 버리고 새로운 산소를 받기 위해서 다시 폐로 떠납니다. 혈액은 부지런한 우리 몸의 산소 배달부니까요.

📖 어휘 풀이

• **판막**: 심장에서 피가 거꾸로 흐르는 것을 막는 막.
• **대동맥**: 온몸에 피를 보내는 혈관의 줄기.
• 모세 혈관: 온몸에 그물 모양으로 퍼져 있는 매우 가는 혈관.
• **공급**: 필요한 것을 제공함.
• **수거**: 물건을 받아서 가지고 감.
• **대정맥**: 온몸에서 심장으로 피를 보내는 혈관의 본줄기.

○ 모세 혈관

털 모　　가늘 세

▶ 모세 혈관은 털처럼 가는 혈관이라는 뜻을 가지고 있어요.

○ 글의 짜임 파악하기

1 이 글의 짜임으로 알맞은 것의 기호를 쓰시오.

> ㉠ 열거 짜임   ㉡ 순서 짜임   ㉢ 비교 대조 짜임

(   )

혈액이 우리 몸을 한 바퀴 돌며 산소를 운반하는 과정을 정리한 글입니다.

○ 글의 짜임에 따라 내용 이해하기

2 빈칸에 알맞은 말을 [보기]에서 찾아 쓰시오.

> **보기**
> 산소   혈액   혈관   폐동맥
> 폐정맥   대동맥   대정맥   이산화 탄소

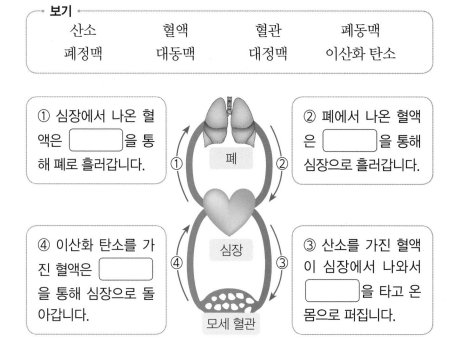

① 심장에서 나온 혈액은 [   ]을 통해 폐로 흘러갑니다.

② 폐에서 나온 혈액은 [   ]을 통해 심장으로 흘러갑니다.

④ 이산화 탄소를 가진 혈액은 [   ]을 통해 심장으로 돌아갑니다.

③ 산소를 가진 혈액이 심장에서 나와서 [   ]을 타고 온 몸으로 퍼집니다.

○ 짜임과 어울리는 주제 찾기

3 다음 중 이 글과 같은 짜임으로 글을 쓸 사람은 누구인지 이름을 쓰시오.

> 민정: 이번 달에 내가 읽은 책들을 소개하는 글을 쓸 거야.
> 수정: 친구들에게 방과 후 코딩 교실에 신청하는 방법을 알려 주는 글을 쓸 거야.
> 태현: 체험학습 장소로 놀이공원과 수목원 중 어느 곳이 더 좋을시 비교하는 글을 쓸 거야.

(   )

문해력 tip 글감과 글의 짜임

글감을 보고 쓰려는 글의 각 부분이 어떤 역할을 하는지 생각해 봅니다.

핵심 정보 파악

4 혈액 순환에 대한 설명으로 알맞지 <u>않은</u> 것은 어느 것입니까? ································· (   )

① 동맥은 심장에서 혈액이 나가는 혈관이다.

② 폐정맥에 흐르는 혈액은 심장으로 들어간다.

③ 혈액은 이산화 탄소를 수거하는 역할을 한다.

④ 심장은 심방과 심실이 하나씩 있는 구조이다.

⑤ 혈액은 폐에서 산소를 받아 온몸으로 운반한다.

글의 내용 파악하기

5 [보기]를 보고 빈칸에 알맞은 말을 찾아 쓰시오.

> **보기**
>
> 심실   심방   정맥   동맥

(1) 심실과 이어진 혈관은 [   ]이다.

(2) [   ]은 심장으로 들어간 혈액이 모이는 곳이다.

(3) [   ]은 심장으로 들어가는 혈액이 흐르는 길이다.

글의 내용 파악하기

6 이 글을 읽고 알 수 있는 것으로 알맞지 <u>않은</u> 것을 모두 골라 기호를 쓰시오.

> ㉠ 심실은 혈액이 심장에서 나가는 출구이다.
> ㉡ 모세 혈관에서 혈액을 통한 산소와 이산화 탄소의 교환이 이루어진다.
> ㉢ 산소가 많이 포함된 혈액이 붉은색으로 보인다면, 폐동맥에 흐르는 혈액은 붉은색이다.
> ㉣ 이산화 탄소가 많이 포함된 혈액이 검붉은색으로 보인다면, 대동맥에 흐르는 혈액은 검붉은색이다.

(   )

내용 구조화

혈액의 순환 과정에 대해 알아볼까요?

≫ 혈액 순환에 대해 설명하는 글을 읽었습니다. 빈칸에 들어갈 말을 [보기]에서 찾아 써 넣으며 글 내용을 정리해 봅시다.

> **보기**
>
> | 우심방 | 좌심실 | 좌심방 | 폐 |
> |:---:|:---:|:---:|:---:|
> | 폐정맥 | 대동맥 | 산소 | 이산화 탄소 |

5 일

4 주

• 혈액은 폐에서 ❷ [   ] 를 공급받습니다.

• 우심실에서 나온 혈액이 폐동맥을 타고 ❶ [   ]로 흘러갑니다.

• 폐에서 나온 혈액은 ❸ [   ]을 통해 좌심방으로 이동합니다.

폐

심장

모세 혈관

• 이산화 탄소를 받은 혈액은 대정맥을 타고 ❹ [   ]으로 들어갑니다.

• 산소를 가진 혈액이 좌심실에서 나와 대동맥을 타고 온몸에 퍼진 모세혈관으로 이동합니다.

• 혈액이 우리 몸 곳곳에 산소를 주고 이산화 탄소를 받습니다.

● '피'와 관련된 관용 표현에는 어떤 것들이 있는지 그림과 함께 알아볼까요?

1 다음 상황에서 쓸 수 있는 표현에 ○표 하시오.

> 내가 몹시 아끼는 물건을 친구가 망가뜨렸을 때

(1) 피가 거꾸로 솟는다 (   )   (2) 피는 물보다 진하다 (   )

2 다음 빈칸에 알맞은 표현을 찾아 선으로 이으시오.

(1) 책상 정리는 대청소에 비하면 [   ] 같아 보였다.   ·   · ① 새 발의 피

(2) 혜수는 숙제를 하지 않아 숙제 검사 시간에 [   ] 같았다.   ·   · ② 피가 마르는 것

memo

잘 읽고 잘 배웠나? ✔ 표를 해 보자.

- 기억나는 개념이나 지식이 있나요? ✔
- 읽으면서 새롭게 알게 된 사실이 있었나요? ☐
- 이해하기 힘들었던 부분이 있었나요? ☐
- 무엇이 가장 중요했는지 이야기할 수 있나요? ☐
- 잘 모르는 부분은 몇 번이고 더 읽고 알기 위해 애썼나요? ☐
- 그럼, 다음에는 어떤 책을 읽고 싶은지 정했나요? ☐

책 한 권을 읽고 마지막 페이지를 덮은 뒤
그대로 가만히 있으면
여운이라는 게 남아

남의 말소리가 들리고, 내 말소리가 들리고
두런두런 소리들이 책을 덮고 나서도
내 귀를 간질이지.

그 좋은 느낌이란!

찐 천재님들의 거짓없는 솔직 후기

천재교육 도서의 사용 후기를 남겨주세요!

이벤트 혜택

매월

100명 추첨

상품권 5천원권

이벤트 참여 방법

STEP 1
온라인 서점 또는 블로그에 리뷰(서평) 작성하기!

STEP 2
왼쪽 QR코드 접속 후 작성한 리뷰의 URL을 남기면 끝!

※ 상기 내용은 변동될 수 있으며, 자세한 내용은 QR코드 페이지를 참고해주세요.

멀 좋아할지 몰라 다 준비했어♥
전과목 교재

전과목 시리즈 교재

● 무등생 해법시리즈
– 국어/수학	1~6학년, 학기용
– 사회/과학	3~6학년, 학기용
– 봄·여름/가을·겨울	1~2학년, 학기용
– SET(전과목/국수, 국사과)	1~6학년, 학기용

● 똑똑한 하루 시리즈
– 똑똑한 하루 독해	예비초~6학년, 총 14권
– 똑똑한 하루 글쓰기	예비초~6학년, 총 14권
– 똑똑한 하루 어휘	예비초~6학년, 총 14권
– 똑똑한 하루 한자	예비초~6학년, 총 14권
– 똑똑한 하루 수학	1~6학년, 학기용
– 똑똑한 하루 계산	예비초~6학년, 총 14권
– 똑똑한 하루 사고력	1~6학년, 학기용
– 똑똑한 하루 도형	예비초~6학년, 단계별
– 똑똑한 하루 사회/과학	3~6학년, 학기용
– 똑똑한 하루 봄/여름/가을/겨울	1~2학년, 총 8권
– 똑똑한 하루 안전	1~2학년, 총 2권
– 똑똑한 하루 Voca	3~6학년, 학기용
– 똑똑한 하루 Reading	초3~초6, 학기용
– 똑똑한 하루 Grammar	초3~초6, 학기용
– 똑똑한 하루 Phonics	예비초~초등, 총 8권

● 독해가 힘이다 시리즈
– 초등 문해력 독해가 힘이다 비문학편	3~6학년
– 초등 수학도 독해가 힘이다	1~6학년, 학기용
– 초등 문해력 독해가 힘이다 문장제수학	1~6학년, 총 12권

영어 교재

● 초등영어 교과서 시리즈
파닉스(1~4단계)	3~6학년
영단어(1~4단계)	3~6학년, 학년용

● LOOK BOOK 영단어
	3~6학년, 단행본

● 원서 읽는 LOOK BOOK 영단어
	3~6학년, 단행본

국가수준 시험 대비 교재

● 해법 기초학력 진단평가 문제집
	2~6학년·중1 신입생, 총 6권

정답과 풀이

초등 **문해력**
독해가
힘이다

비문학편

4단계 A 3~4학년

천재교육

정답과 풀이
포인트 3가지

▶ 주차별 주요 문해 기술 요약 정리

▶ 독해력 향상에 꼭 필요한 해설과 도움말 제시

▶ 혼자서도 이해할 수 있는 독해 문제 풀이

정답과 풀이

10쪽   확인 문제

> **1** (1) 정호는 <u>수영을</u> 잘한다. ▶ 정호가 수영을 잘한다는 점이 중요
>
>   (2) 친구는 <u>영화를</u> 보기로 했다. ▶ 친구가 영화를 보기로 한 점이 중요
>
>   (3) 어머니께서 <u>시장에</u> 가셨다. ▶ 어머니께서 시장에 가셨다는 점이 중요
>
>   (4) 두꺼비는 <u>습지에</u> 삽니다. ▶ 두꺼비가 습지에 산다는 점이 중요

1 '수영을', '영화를'은 목적어이고 '시장에', '습지에'는 부사어입니다. 문장의 목적어와 부사어는 문장에서 전하고자 하는 중요한 정보를 담고 있는 경우가 많습니다.

○ **목적어, 부사어란?**

❶ 목적어: '을/를'이 붙어 서술어의 대상을 나타내 주는 말.

❷ 부사어: 문장에서 '언제, 어디에서, 어떻게' 등에 해당하는 말.

12쪽   문해력 연습

> **1** (1) <u>일자리를</u>
>   (2) <u>개구리를</u>
>   (3) <u>삼국을</u>
>
> **2** (1) <u>쓰레기통에</u>
>   (2) <u>일급수에</u>
>   (3) <u>정월대보름에</u>
>
> **3** (1) ① 목적어 ② 부사어
>   (2) ① 부사어 ② 목적어
>
> **4** (1) 태조 왕건은 / 송악에 / 새 도읍을 /
>   건설하였다.   (송악)
>   (2) 백제의 승려들은 / 이웃나라 일본에 /
>   불교를 / 전파하였다.   (불교)

○ **목적어와 부사어가 중요한 까닭은?**

❶ 우리 문장의 짜임을 이루는 중요한 성분이기 때문이에요.

❷ 문장에서 전하고자 하는 중요한 정보를 담고 있는 경우가 많기 때문이에요.

1 목적어는 '을/를'이 붙어 서술어의 대상이 되는 말입니다. 목적어의 '을/를'은 생략되기도 합니다.

밥을(목적어) 먹자. → 밥 먹자.

○ **문장의 짜임을 생각하며 읽는 방법은?**

❶ 문장의 중요한 성분을 중심으로 끊어 읽어요.

❷ 꾸며 주는 말은 꾸밈을 받는 말과 묶어서 읽어요.

•강한 나라를 / 만들자.

•그늘진 곳으로 / 이동한다.

2 '언제', '어디에서', '어떻게'를 나타내는 말은 부사어입니다. '빨리', '몹시'와 같이 서술어를 꾸며 주는 부사어도 있습니다.

3 '물감을', '알을'은 목적어입니다. '물에', '모래사장에'는 '어디에'에 해당하는 부사어입니다.

4 (1) 태조 왕건은 / 송악에 / 새 도읍을 / 건설하였다.
       (주어)   (부사어)   (목적어)   (서술어)

   (2) 백제의 승려들은 / 이웃 나라 일본에 / 불교를 / 전파하였다.
            (주어)   (부사어)   (목적어)   (서술어)

13쪽 배경지식의 힘 ✊

1 ㉢ ✓   2 ㉢ ✓
3 ㉠ ✓   4 ㉠ ✓

▶ 동영상 제목: 인구 분포를 한눈에 알기 쉽게 볼 수 있는 꿀 Tip!

1 인구 분포도는 인구의 많고 적음이나 위치를 알기 쉽게 여러 가지 방법으로 지도에 표시한 것입니다.

15~16쪽 비문학 독해

1 도시로   2 ③
3 (1) 서울은 (2) 주택 부족 문제를
   (3) 겪고 있어요
4 ①, ②   5 ①
6 은우

📑 글 제목: 우리나라의 인구 분포는 어떻게 변화했을까?

1 부사어는 주로 서술어를 꾸며 주는 역할을 합니다.

2 주어, 목적어, 서술어를 중심으로 문장을 나눕니다.

3 '우리나라에서 인구 밀도가 가장 높은'은 주어인 '서울은'을 꾸며 주는 말입니다.

4 전통 사회에서는 기후와 지형이 인구 분포에 영향을 미쳤습니다.

5 도시는 일자리가 많고 교육 시설이나 편의 시설이 풍부합니다. 그래서 촌락에 살던 사람들이 도시로 이동하게 되는 것입니다.
반면에 촌락은 도시보다는 조용하고 깨끗하며 환경 오염이 적어서 도시보다는 건강한 생활을 할 수 있어서 도시 생활에 지친 사람들이 촌락으로 이동하기도 합니다.

6 ㈎와 같은 곳은 인구가 많은 곳입니다. 서윤이와 진서는 인구가 적은 곳의 문제점을 말하였습니다.

17쪽 독해의 힘 ✊

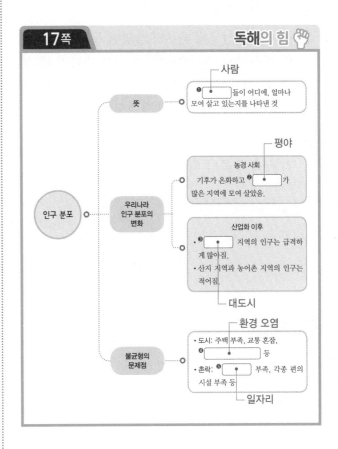

사람

뜻 ——— ❶ □□□들이 어디에, 얼마나 모여 살고 있는지를 나타낸 것

평야

농경 사회
기후가 온화하고 ❷ □□가 많은 지역에 모여 살았음.

인구 분포 —— 우리나라 인구 분포의 변화

산업화 이후
• ❸ □□□ 지역의 인구는 급격하게 많아짐.
• 산지 지역과 농어촌 지역의 인구는 적어짐.
—— 대도시

환경 오염

불균형의 문제점
• 도시: 주택 부족, 교통 혼잡, ❹ □□□□ 등
• 촌락: ❺ □□□ 부족, 각종 편의 시설 부족 등
—— 일자리

18쪽 어휘의 힘 ✊

1 (2) ○
2 (1) ②   (2) ①

1 "콩과 보리도 분간하지 못한다."는 누구나 알 수 있는 것도 분간하지 못할 만큼 어리석고 못남을 비유적으로 이르는 말입니다.
"콩 가지고 두부 만든대도 곧이 안 듣는다."는 아무리 사실대로 말하여도 믿지 아니함을 비유적으로 이르는 말입니다.

19쪽 배경지식의 힘 ✊

1 ㉡ ✓   2 ㉠ ✓
3 ㉠ ✓   4 ㉡ ✓

▶ 동영상 제목: **이 보석이 화석이라고요?**

3 매머드는 신생대 때부터 살았던 동물로 코끼리와 비슷하게 생겼습니다. 마지막 빙하기 때 멸종되었습니다. 그런데 시베리아에서 매머드가 얼음 속에서 꽁꽁 언 채 발견되었습니다.

4 화석이 되기 위해서는 생물이 죽은 후 바로 퇴적물 속에 묻혀 썩지 않아야 합니다.

21~22쪽 비문학 독해

1 ③   2 이준
3 ⑤   4 ②
5 (1) 흐름 (2) 화석 (3) 순서, 환경
6 ㉤

📖 글 제목: **지구의 역사를 보여 주는 지층과 화석**

1 소문이 온 동네에 퍼졌다
　(주어)　(부사어)　(서술어)

2 빼면 문장이 성립하지 않는 필수적 부사어가 있습니다. '같다'라는 서술어 앞에는 부사어가 꼭 있어야 합니다.

3 학자들은 지구의 과거를 풀어 내고 있단다.
　(주어)　(목적어)　　(서술어)

4 지진이나 화산 폭발과 같은 큰 지각 변동이 없었다면 아래쪽에 있는 것일수록 먼저 생긴 지층입니다.

---

6 표준 화석과 시상 화석

	표준 화석	시상 화석
특징	• 지질 시대의 특정한 시기에만 살았던 생물 화석 • 지층이 만들어진 시대를 알려 줌.	• 지질 시대의 특정한 환경에서만 살았던 생물 화석 • 지층이 만들어진 당시의 환경을 알려 줌.
예	삼엽충, 암모나이트, 매머드 등	고사리, 산호, 조개, 활엽수 등

23쪽 독해의 힘 ✊

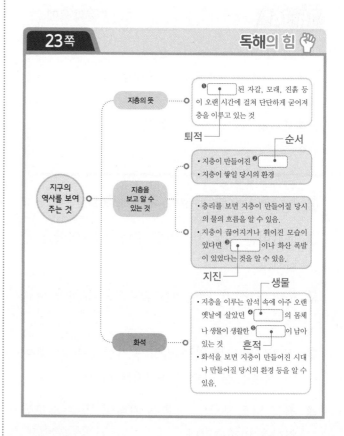

24쪽 어휘의 힘 ✊

1 (1) 마칠   (2) 반드시   (3) 반듯이
2 (1) 쌓인   (2) 싸인

2 '싸인'의 기본형은 '싸이다'이고, '쌓인'의 기본형은 '쌓이다'입니다.

25쪽 배경지식의 힘 ✊

1 ㉠ ✓ 2 ㉡ ✓
3 ㉢ ✓ 4 ㉢ ✓

▶ 동영상 제목: 후삼국 통일의 주인공은 누구?

1 발해는 대조영이 고구려 유민들과 말갈족을 모아 만주 지방에 세운 나라입니다.

4 926년 거란의 침입으로 발해가 멸망하자 왕건은 고려에 발해 유민들을 받아들였습니다.

27~28쪽 비문학 독해

1 ③
2 (1) 궁예는 (2) 나라를 (3) 난폭하게
   (4) 다스리고 있었어요
3 ④   4 ④
5 ②   6 소율

📖 글 제목: 왕건, 후삼국을 통일하다

1 왕건의 가문은 돈과 세력을 가지고 있었지요.
  (주어)   (목적어)   (서술어)

2 '난폭하게'라는 말이 빠져도 문장이 성립하기는 하지만 궁예가 '어떻게' 나라를 다스리고 있었는지 자세하게 알리면 필요한 말이기도 합니다. 이렇듯 부사어는 서술어를 자세하게 꾸며서 그 뜻을 더 명확하게 하는 역할을 합니다.

3 '크게'라는 부사어가 '이겼어요'라는 서술어를 꾸며 주어서 고려가 후백제를 완전하게 무찔렀다는 뜻을 전해 줍니다.

4 공산 전투에서 왕건은 아주 크게 패하고 맙니다.

6 신라 말에 국가 재정이 어려워지자 정부는 백성들에게 막대한 세금을 걷었습니다. 그래서 이에 저항하여 백성들이 반란을 일으켰습니다. 고려를 세운 왕건은 이런 백성들의 마음을 얻고 백성들의 생활을 안정시키려고 세금을 적게 걷었습니다. 그리고 '흑창'이라는 기관을 세워 가난한 백성들에게 곡식을 빌려주었습니다.

29쪽 독해의 힘 ✊

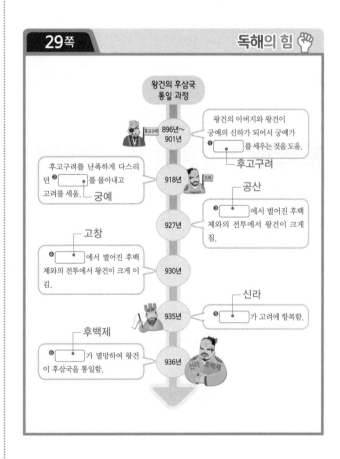

30쪽 어휘의 힘 ✊

1 (1) 상벌   (2) 이곳저곳   (3) 어제오늘
2 (1) ②   (2) ③   (3) ①

1~2 낱말의 뜻을 생각해 보고 짜인 순서를 파악합니다.

31쪽 배경지식의 힘 👊

1 ㉠ ✓　　　　2 ㉢ ✓
3 ㉠ ✓　　　　4 ㉡ ✓

▶ 동영상 제목: 기울어져 가는 인구 저울

2 고령화 사회가 된다고 해서 다른 나라의 문화에 대한 편견이나 차별이 생기는 것은 아닙니다.

3 저출산이 지속되면 노동을 할 수 있는 청장년 층이 줄어들면서 노년층 부양 비용의 부담이 상승하게 됩니다.

33~34쪽 비문학 독해

1 ②　　　　　　2 ①
3 (1) 고령화 사회가 (2) 급속히
　(3) 진행되고 있다
4 ⑤　　　　　　5 ②
6 ㉮

📖 글 제목: 줄어드는 아이들, 저출산 사회

1 '들어서다'라는 서술에 앞에는 보통 '-에'가 붙은 부사어가 와야 문장의 뜻이 통하게 됩니다.

2 정부는 정책을 펼치고 있어.
　(주어)　(목적어)　(서술어)

3 '급속히'라는 말이 빠져도 문장이 성립하기는 하지만 고령화 사회가 '어떻게' 진행되고 있는지 자세하게 알려면 필요한 말이기도 합니다.

4 여성의 경제 활동 참여율이 높아지고 있지만 사회적인 인식과 고용 환경이 아직 갖추어지지 않아서 여성이 일과 육아를 같이 하기가 어렵습니다.

5 저출산이 지속되면 경제 성장에도 문제가 될 수 있습니다.

6 저소득층과 맞벌이 부부를 대상으로 건강 도시락을 제공하면 육아에 대한 부담이 줄어들게 될 것입니다. 그리고 도시락을 만드는 데 재료를 공급하고 도시락을 만드는 노동력이 필요하게 되므로 지역 경제 기능도 활발해지게 될 것입니다.

35쪽 독해의 힘 👊

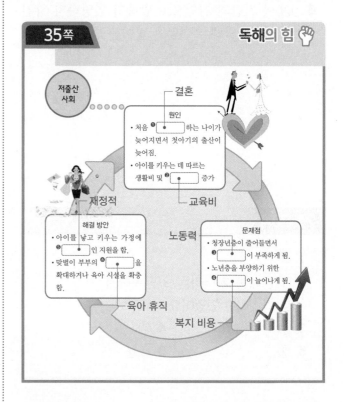

36쪽 어휘의 힘 👊

1 이율, 빨래양, 출산율, 강수량, 칼로리양
2 (1) 율　　(2) 양　　(3) 률　　(4) 량

2 (1) 환율: 앞말의 끝이 'ㄴ' 받침으로 끝나기 때문임.
　(2) 먹이양: '먹이'가 고유어이기 때문임.
　(3) 도덕률: 앞말의 끝이 'ㄱ' 받침으로 끝나기 때문임.
　(4) 생산량: '생산(生産)'이 한자어이기 때문임.

41쪽 확인 문제

1 (1) (우리 집) 로봇 청소기
　(2) (불빛이 흘러나오는) 동굴

1 지시어 '그것'은 앞에서 말한 물건이나 대상을, '그곳'은 앞에서 말한 장소를 가리킵니다.

우리 집 <u>로봇 청소기</u>는 쉬지 않고 일을 합니다. 가끔 <u>그것</u>은 밤에도 청소를 해서 ~

나그네는 밤길을 걷다가 불빛이 흘러나오는 <u>동굴</u>을 발견했다. <u>그곳</u>에는 웬 그릇들이 ~

이 주의 문해 기술 정리하기

○ **지시어란?**

　이(이것), 그(그것), 여기, 거기와 같이 앞에서 말한 어떤 대상이나 내용을 가리키는 말.

○ **지시어의 의미를 생각하며 읽는 방법**

❶ 지시어가 앞에서 말한 어떤 대상을 가리키는지, 어떤 내용을 가리키는지 구분하며 읽어요.

❷ 지시어와 관련된 의미를 앞 문장에 표시해 가며 읽어요.

42쪽 문해력 연습

(1) ㉢　(2) ㉡　(3) ㉢　(4) ㉢　(5) ㉢

(1) 식물이 영양분을 얻는 방법은 <u>광합성</u>이다. 이것에는 반드시 햇빛이 필요하다.
（광합성에는）

(2) <u>지구 표면의 70%</u>는 물로 덮여 있다. 그러나 이 중 사람이 마실 수 있는 물은 0.3%에 불과하다.
（지구 표면을 덮은 70%의 물 중）

(3) 팔만대장경에는 <u>민중의 간절한 뜻</u>이 담겨 있다. 그것은 부처의 힘으로 외세를 물리치고자 하는 바람이다.
（팔만대장경에 담긴 민중의 간절한 뜻은）

(4) <u>노동을 하면 대가를 얻는다.</u> 이것은 사람이 노동을 하는 가장 기본적인 이유이다.
（노동을 하면 대가를 얻는다는 것은）

(5) <u>마늘을 반나절 동안 물에 담가 둔다.</u> 이렇게 하면 마늘 껍질을 보다 쉽게 벗길 수 있다.
（마늘을 반나절 동안 물에 담가 두면）

지시어의 의미를 잘못 이해하면 문장을 잘못 읽게 돼요. 꼼꼼히 지시어의 의미를 따져 가며 읽어요.

43쪽　　배경지식의 힘 ✊

1 ㉡ ✓　　　　　2 ㉡ ✓
3 ㉠ ✓　　　　　4 ㉡ ✓

▶ 동영상 제목: 할아버지, 옛날에는 뭐 하면서 놀았어요?

3 경제 발전, 기계화, 교통이나 통신 수단의 발달 등이 오늘날 여가 생활 변화에 큰 영향을 주었습니다.

4 오늘날의 여가 생활은 신분이나 성별의 제약이 없고 자유롭게 즐길 수 있습니다.

45~46쪽　　비문학 독해

1 ④
2 퇴근 후의 자유로운 시간에 여가 생활을 하거나 가족이나 친구들과 지내는 것
3 ⑤　　　　　　4 스라밸
5 ④　　　　　　6 ③
7 직원 나

📖 글 제목: 일과 삶의 균형, 워라밸

1 '이렇게'는 앞에서 말한 것을 가리키는 말입니다. '일을 하고 돈을 많이 받게 되는 것'은 개인적인 생활을 할 시간이 없어지거나 줄어드는 것과 관련이 없습니다.

2 '이것'은 바로 앞에서 이야기한 대상을 가리키는 말입니다.

4 '이것' 대신에 '스라밸'을 넣으면 문장의 뜻이 통하게 됩니다. 가리키는 말이 가리키는 내용을 찾으려면 가리키는 말 앞뒤의 문장을 살펴보아야 합니다.

5 ① 워라밸은 저출산의 해결 방안으로 알맞습니다.
② 워라밸은 요즈음에 중요하게 생각되는 가치입니다.
③ 워라밸이 좋은 회사에 들어가려는 사람들이 많습니다.
⑤ 일을 하지 않으면 초조하거나 불안한 사람들은 워라밸을 추구한다고 할 수 없습니다.

6 워라밸을 추구하는 기업은 업무 지시를 효율적으로 하기 위해 노력합니다.

7 퇴근 후에 SNS로 업무 지시를 하거나 받으면 개인의 생활에 피해를 주게 됩니다.

47쪽　　독해의 힘 ✊

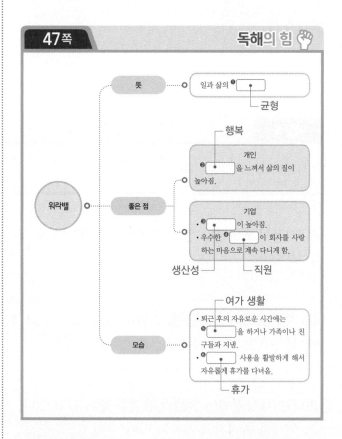

48쪽　　어휘의 힘 ✊

1 (3)○　　　　(4)○
2 (1)①　　　　(2)②

1 (1) 빵이든지 밥이든지 알아서 먹겠다.
(2) 얼마나 울었던지 눈이 퉁퉁 부었다.

49쪽　　　　　　　배경지식의 힘 👊

1 ㉠ ✓　　　　　　2 ㉡ ✓
3 ㉠ ✓　　　　　　4 ㉠ ✓

▶ 동영상 제목: **엽록소, 넌 누구니?**

2 광합성을 할 때 필요한 것은 햇빛, 물, 이산화 탄소입니다.

3 광합성을 하면 만들어지는 것은 산소, 영양분, 물입니다.

51~52쪽　　　　　　비문학 독해

1 (1) 엽록체 (2) 엽록소　2 ①
3 ④　　　　　　　4 (3) ○
5 ⑤
6 (1) 광합성 (2) 기공 (3) 엽록소
7 ㉰

📖 글 제목: **영양분과 산소를 만드는 식물의 광합성**

1 (1) '이'는 바로 앞에서 이야기한 대상을 가리키는 지시어입니다. '이' 속에 엽록소가 있다고 하였으므로 '이'가 가리키는 것은 엽록체입니다.
　(2) '여기'도 바로 앞에서 이야기한 대상을 가리키는 지시어입니다. '여기'에서 빛 에너지를 받아들인다고 하였으므로 '여기'가 가리키는 것은 엽록소입니다.

2 식물이 광합성을 하기 위해서 필요한 것이 어떻게 만나는지를 가리키므로 식물이 산소와 영양분을 만든다는 내용을 가리키는 것은 아닙니다.

3 '이것' 바로 앞에 식물이 광합성을 하면 녹말과 같은 영양분이 만들어진다는 내용이 나옵니다.

4 '이' 바로 앞에는 수증기가 빠져나가면서 열도 함께 빠져나가서 주변의 온도가 낮아진다는 내용이 나옵니다.

5 광합성을 통해 만들어진 영양분은 줄기를 통해 식물 곳곳으로 이동합니다.

7 공기 중에 이산화 탄소가 많을수록 광합성의 양이 늘어나기는 하지만, 일정 수준 이상 많아지면 광합성의 양에 변화가 없습니다.

53쪽　　　　　　　독해의 힘 👊

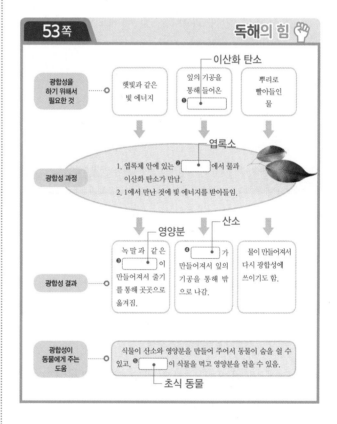

54쪽　　　　　　　어휘의 힘 👊

1 (1) 껍질　　(2) 알맹이　　(3) 껍데기
2 (1) 마개　　(2) 뚜껑

1 (1) 껍질을 깐 감자를 쪄서 먹었다.
　(2) 밤 알맹이를 먹으니 고소하고 맛있었다.
　(3) 달걀 껍데기를 깨뜨렸다.

55쪽 배경지식의 힘 ✊

1 ㉢ ✓ **2** ㉠ ✓
3 ㉡ ✓ **4** ㉡ ✓

▶ 동영상 제목: **팔만대장경에 숨겨진 이야기**

2 팔만대장경으로 고려의 목판 제조술, 조각술, 인쇄술이 뛰어났음을 알 수 있습니다.

4 장경판전은 안쪽 바닥 속에 숯, 횟가루, 소금, 모래를 넣고 바람이 통하도록 창을 내어 습도를 조절할 수 있게 과학적으로 설계되었습니다.

57~58쪽 비문학 독해

1 (3)× **2** 진도
3 ⑤ **4** 건우
5 ②, ③, ④ **6** ②
7 강화도 **8** 삼별초

📖 글 제목: **몽골의 침입과 삼별초 항쟁**

1 ㉢'이'가 가리키는 것은 바로 앞의 내용인 '도읍을 강화도에서 개경으로 옮기는 것'입니다.

2 '여기'는 삼별초가 근거지를 옮겨 간 곳인 '진도'를 가리킵니다.

3 '이때'는 '고려와 몽골의 연합군이 진도를 공격하였을 때'를 가리킵니다.

4 '그것' 앞에는 삼별초가 고려와 몽골의 연합군에 졌다는 내용이 나옵니다.

5 ⑤ 말을 타는 병사들로만 구성된 것은 '마별초'였습니다.

7 몽골은 바다에서 하는 전투에 약했습니다. 삼별초는 근거지를 강화도에서 진도, 제주(탐라)로 옮겨 가며 몽골에 끝까지 저항했으나 결국 실패했습니다.

8 몽골의 침입을 받은 나라는 대부분 멸망했습니다. 이에 비해 고려는 몽골의 간섭을 받았지만 삼별초의 항쟁과 같은 끈질긴 항쟁과 외교적인 노력으로 나라를 유지하고 고유의 문화를 지킬 수 있었습니다.

59쪽 독해의 힘 ✊

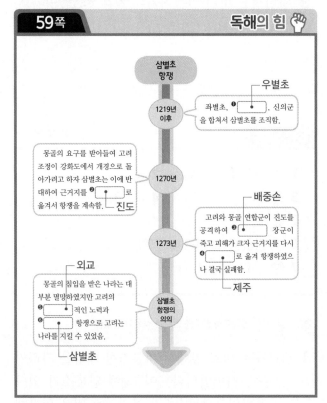

60쪽 어휘의 힘 ✊

1 (1) 무수리 (2) 족두리 (3) 수라상
2 ①

1 '마마'는 임금 및 그의 가족과 관련된 명사 뒤에 붙어서 '존대'의 뜻을 나타내는 말입니다.

2 '동냥아치'는 '동냥(돈이나 물건 따위를 공짜로 달라고 비는 일)하러 다니는 사람'을 뜻하는 낱말입니다.

61쪽 배경지식의 힘

1 ㉡ ✓　　　　　2 ㉠ ✓
3 ㉡ ✓　　　　　4 ㉢ ✓

▶ 동영상 제목: 이 많은 '물'을 누가 다 써 버렸을까요?

3 지구에 있는 민물의 양은 채 3퍼센트도 되지 않아서 사람이 사용할 수 있는 물의 양이 적은 것입니다.

4 세탁을 할 때에는 세탁기를 자주 돌리지 않고 빨래를 모아서 한 번에 돌리는 것이 좋습니다.

63~64쪽 비문학 독해

1 ②　　　　　2 (1) ② (2) ①
3 (1) (지하수를 퍼 올리는) 식수 펌프와 같은
　(2) 식수 시설 지원이 필요한
4 시아　　　　　5 ⑤
6 ①, ②, ④　　　7 ②

📄 글 제목: 깨끗한 물을 마시기 위한 노력

1 '그런'의 앞에는 물 부족과 물 오염 문제가 심각하다는 내용이 나옵니다.

4 '이런' 앞에는 중금속이나 미생물이 많은 지하수에 대한 내용이 나옵니다.

5 글에서는 무분별한 개발로 환경이 파괴되고 강이 오염되어서 먹는 물이 부족해졌다고 하였습니다.

6 글에는 나오지 않지만 태양광을 이용하여 오염된 물과 깨끗한 물을 분리하는 정수 시설이 있습니다. 그리고 오염된 물을 빨대처럼 생긴 기구에 통과시켜 깨끗한 물로 만드는 것도 있습니다.

7 식수 시설이 없는 곳이나 낡거나 고장 난 곳은 직접적으로 도움을 줄 수 있는 노력을 해야 합니다.

65쪽 독해의 힘

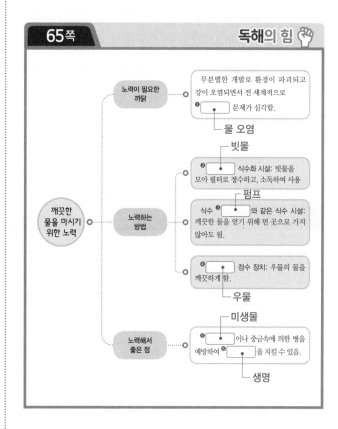

66쪽 어휘의 힘

1 (1) 바다, 까마귀
　(2) 햇밤, 논밭, 맨주먹, 바늘방석
2 (1) ③　　　(2) ②　　　(3) ①

1 (2) 복합어의 짜임
　• 햇밤: 햇-+밤　　　• 논밭: 논+밭
　• 맨주먹: 맨-+주먹　　• 바늘방석: 바늘+방석

2 '-장이'와 헷갈리기 쉬운 말에 '-쟁이'가 있습니다. '-쟁이'는 명사 뒤에 붙어서 '그것과 관련된 특징이나 성질을 많이 가진 사람'을 뜻하는 말입니다. '겁쟁이, 고집쟁이'와 같은 예가 있습니다.

70쪽 확인 문제

---

1 (1) 장점 (2) 목적

---

1 (1) 음식을 발효시키면 오랫동안 두고두고 먹을 수 있다는 '장점'에 대해 설명하고 있으므로 문장의 이름표로는 '장점'이 알맞습니다.

　(2) '식품을 발효시키는 목적'은 무엇이다라고 설명하는 문장이므로 문장의 이름표로는 '목적'이 알맞습니다.

72쪽 문해력 연습

---

1 ①	3 (1) ③ (2) ① (3) ②
2 ⓒ	4 (1) ⓒ (2) ㉠

---

1 '갓은 무엇이다'라고 하여 갓이 무엇인지, 갓의 뜻에 대해 설명하고 있습니다. '정의'란 어떤 말이나 사물의 뜻을 밝혀 규정하는 것을 말합니다.

2 ⓒ에서 갓은 조선 시대에 주로 신분이 높은 사람들이 썼다고 하였으므로 ⓒ 문장이 갓을 사용한 사람들에 대한 정보를 담고 있습니다.

3 ⓒ은 갓을 무엇으로 만드는지 '재료'에 대해 설명하였고, ㉣은 갓에는 흑립과 백립이 있다고 하여 갓의 '종류'에 대해 말하였습니다. ㉤은 흑립과 백립을 어느 때 각각 썼는지 서로 '비교'하여 설명한 문장입니다.

4 (1)은 삿갓을 무엇으로 만드는지에 대해 설명한 문장이므로 문장의 이름표로 '재료'를 붙일 수 있습니다. (2)는 망건이 무엇인지 설명한 문장이므로 문장의 이름표로 '정의'를 붙일 수 있습니다.

문장의 이름표	문장
정의	㉠ 갓은 우리 민족이 만든 고유한 모자입니다. (2) 망건은 상투를 틀 때 머리카락이 흘러내리지 않도록 이마에 두르는 물건입니다.
재료	ⓒ 갓은 말총과 대나무를 이용하여 만들었습니다. (1) 삿갓은 가늘게 쪼갠 대나무나 갈대를 이용하여 만듭니다.

문장의 이름표란?

그 문장이 무엇을 말하는지 간단히 나타내어 주는 표.

문장에 이름표를 다는 방법은?

❶ 그 문장이 무엇을 말하느냐에 따라 이름표를 붙여요.
❷ 대상의 뜻, 정의, 쓰임, 예시, 목적, 특징, 장점, 단점 등 문장의 내용에 따라 다양한 이름표를 달 수 있어요.

문장에 이름표를 달며 읽으면 좋은 점은?

❶ 문장에서 전하고자 하는 정보가 무엇인지 구분하며 읽게 돼요.
❷ 어떤 정보가 어느 부분에 있었는지 쉽게 찾을 수 있어요.

즉, 문장의 이름표란 문장에서 전하고자 하는 주요 정보를 표시하는 이름이에요!

73쪽 배경지식의 힘

1 ㉡ ✓   2 ㉡ ✓
3 ㉡ ✓   4 ㉡ ✓

▶ 동영상 제목: 세계의 전통 의상은 어떤 것이 있을까요?

1 중국의 전통 의상은 치파오입니다.

2 멕시코의 전통 모자인 솜브레로의 창이 넓은 까닭은 멕시코의 뜨거운 태양을 막아야 하기 때문입니다.

3 킬트는 스코틀랜드의 전통 의상입니다.

4 각 나라마다 자연환경이나 문화가 다르기 때문에 전통 의상이 다르게 나타납니다.

74~76쪽 비문학 독해

1 ②   2 ②
3 ④   4 ②
5 ⑤   6 기후
7 (3) ○

📖 글 제목: 세계의 전통 가옥 여행하기

1 ㉠에서는 처마와 기와의 기능을 설명하고 있습니다.

2 밑줄 그은 문장은 이글루의 생김새를 묘사하고 있습니다. 따라서 '이글루의 모양'이라는 이름표가 어울립니다.

3 게르를 만들기 위해서는 나무로 만든 뼈대와 가축의 털로 만든 천이 필요합니다.

4 '조립'은 여러 부품을 하나의 구조로 짜 맞춘다는 뜻입니다.

5 몽골의 유목민들은 가축이 먹는 풀을 따라 사는 곳을 계속 옮겨야 하기 때문에 조립과 분해가 쉬운 집을 지었습니다.

6 각국의 전통 가옥이 모두 다른 이유는 나라마다 기후와 생활 양식이 모두 다르기 때문입니다.

7 (1)은 몽골의 게르입니다. (2)는 우리나라의 한옥입니다. (3)은 이누이트의 전통 가옥인 이글루입니다.

77쪽 독해의 힘

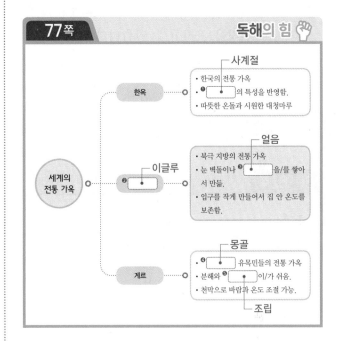

78쪽 어휘의 힘

1 ③
2 (3) ○

1 '빈대 잡으려고 초가삼간 태운다'는 손해를 크게 볼 것을 생각하지 못하고 그저 덤비기만 하는 경우를 비유적으로 이르는 말입니다.

2 '불난 집에 부채질한다'는 문제가 더 악화되게 만들거나 화가 난 사람을 더욱 화나게 함을 비유적으로 이르는 말입니다. 따라서 선생님의 화를 더욱 키운 경우에 이 속담을 사용할 수 있습니다.

79쪽 배경지식의 힘 ✊

1 ㉠ ✓   **2** ㉠ ✓
3 ㉡ ✓   **4** ㉠ ✓

▶ 동영상 제목: **편리한 생활, 스마트 월드**

1 스마트 포크는 우리의 식습관을 감시합니다.

2 스마트 포크를 사용하면 스마트 포크가 모은 자료로 건강을 관리할 수 있습니다.

3 스마트 약병은 약 먹는 시간을 알려줍니다.

4 스마트 제품들은 우리 생활을 편리하게 해준다는 장점이 있습니다.

80~82쪽 비문학 독해

1 ⑤   **2** ④
3 ③   **4** (3) ○
5 ③   **6** 동구
7 ④

📖 글 제목: **인공 지능은 우리 삶에 좋기만 할까?**

1 '무엇이란 무엇이다.'와 같은 형식의 문장은 설명하는 대상의 정의를 나타냅니다.

2 인공 지능 기술이 접목된 예시에 대해 이야기하고 있습니다. 따라서 '예시'라는 이름표가 어울립니다.

3 인공 지능의 부족한 점에 대해 말하고 있으므로 '인공 지능의 단점'이라는 이름표가 어울립니다.

4 ㉠의 앞부분에서는 인공 지능의 장점들에 대한 내용이 등장합니다. 따라서, (3)과 같은 인공 지능의 장점에 대한 내용이 들어가야 합니다.

5 인공 지능이 발전하여 사람들이 일자리를 빼앗기는 것은 인공 지능의 단점입니다. 따라서 인

공 지능의 존재를 위협으로 생각하는 사람들도 있다는 표현이 알맞습니다.

6 인공 지능 로봇의 수술이 가능해지면 지금보다 더 세심하고 정확도 높은 수술이 가능해진다는 장점이 있습니다. 따라서 장점에 대해 말하고 있는 친구는 동구입니다.

7 태양으로부터 만들어진 에너지를 전기 에너지로 바꾸는 것은 인공 지능 기술이 쓰인 사례가 아닙니다.

83쪽 독해의 힘 ✊

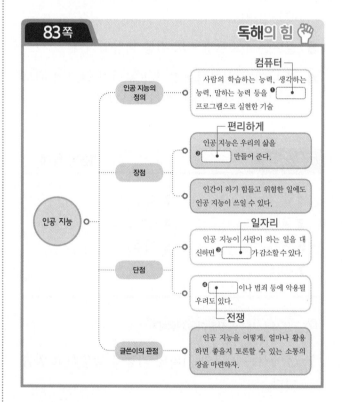

84쪽 어휘의 힘 ✊

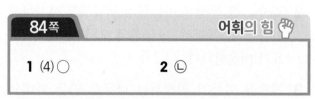

1 (4) ○   **2** ㉡

1 '갑론을박'은 여러 사람이 자기의 주장을 내세우며 상대의 주장을 반박함을 비유적으로 이르는 말입니다. 따라서 열정적으로 토론을 주고받는 경우에 사용할 수 있습니다.

2 '허심탄회'는 생각을 다 터놓고 말할 만큼 솔직함을 비유적으로 이르는 말입니다.

85쪽 — 배경지식의 힘 ✊

1 ㉠ ✓
2 ㉡ ✓
3 ㉡ ✓
4 ㉠ ✓

▶ 동영상 제목: 왕이 된 남자, 이성계

1 위기에 빠진 고려를 구한 두 명의 장군은 최영과 이성계입니다.

2 이성계는 위화도에서 회군을 결정했습니다.

3 이성계는 정도전과 신진 사대부들과 함께 새로운 나라를 건국했습니다.

4 이성계는 조선을 건국했습니다.

86~88쪽 — 비문학 독해

1 (나)
2 ⑤
3 ⑤
4 4 불가론
5 ②
6 ①
7 ㉣ → ㉯ → ㉰ → ㉮

📋 글 제목: 이성계의 위화도 회군과 조선

1 위화도 회군의 과정이 나타난 문단은 (나)문단입니다.

2 '무엇이란 무엇이다'와 같은 형식의 문장은 설명하는 대상의 정의를 나타냅니다.

3 밑줄 그은 부분은 이성계가 요동 정벌을 할 수 없는 두 가지 이유입니다.

4 우왕은 이성계에게 요동 정벌에 나설 것을 명령했으나, 이성계는 4 불가론을 내세우며 요동 정벌을 반대했습니다.

5 과전법은 권문세족이 차지한 농장을 거두어 신진 사대부들이 나누어 갖는 토지 제도입니다.

6 권력을 잡은 이성계는 고려를 멸망시키고 새로운 나라를 세우고 싶었습니다. 따라서 이성계가 고려를 유지하면서 개혁하려고 했다는 것은 알맞지 않습니다.

7 우왕은 요동 정벌을 위해 이성계에게 군사를 주며 명나라를 공격하라고 명령했습니다. 이성계는 우왕의 명에 따라 위화도에 도착했습니다. 하지만, 고민 끝에 이성계는 위화도 회군을 결정합니다. 위화도 회군으로 권력을 장악한 이성계는 왕위에 올라 조선을 세웠습니다.

89쪽 — 독해의 힘 ✊

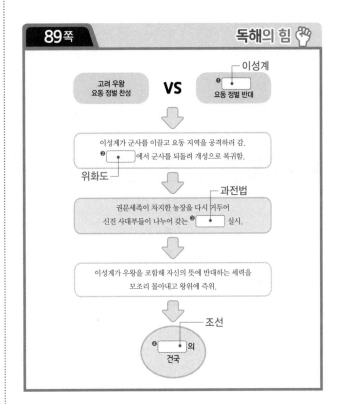

고려 우왕
요동 정벌 찬성
VS
이성계
❶ [　] 요동 정벌 반대

↓

이성계가 군사를 이끌고 요동 지역을 공격하러 감.
❷ [　]에서 군사를 되돌려 개성으로 복귀함.
— 위화도

↓

권문세족이 차지한 농장을 다시 거두어
신진 사대부들이 나누어 갖는 ❸ [　] 실시.
— 과전법

↓

이성계가 우왕을 포함해 자신의 뜻에 반대하는 세력을
모조리 몰아내고 왕위에 즉위.

↓

❹ [　]의 건국 — 조선

90쪽 — 어휘의 힘 ✊

1 (2) ○
2 ④

1 '승승장구'란 어떤 일이 잘 풀리고 나서 연이어 거침없이 잘 해결해 나간다는 뜻입니다.

2 '진퇴양난'이란 이러지도 저러지도 못하는 어려운 처지라는 뜻입니다. 따라서 '허심탄회하게 이야기를 나눌 수 있는 친구가 있어서 정말 기쁘다.'라는 표현이 알맞습니다.

91쪽 **배경지식의 힘** 👊

1 ㉠ ✓   2 ㉡ ✓
3 ㉠ ✓   4 ㉠ ✓

▶ 동영상 제목: **석회동굴에는 무엇이 생성될까요?**

1 석회암이 많은 지역에 생기는 동굴은 석회 동굴입니다.

2 석회암을 녹이는 것은 이산화 탄소가 녹아 있는 지하수나 빗물입니다.

3 종유석에서 떨어지는 물방울을 받아 자라는 생성물은 석순입니다.

4 석주는 석순과 종유석이 만나면 만들어집니다.

92~94쪽 **비문학 독해**

1 ①   2 (2) ○
3 ④   4 ③
5 ④   6 해식
7 ②

📖 글 제목: **신비로운 우리나라의 동굴**

1 ㉠은 동굴의 정의를 말하고 있습니다.

2 ㉡은 우리나라의 대표적인 용암 동굴인 만장굴의 특징에 대해 말하고 있습니다.

3 '대표적인', '대표적으로'와 같은 말을 통해 구체적인 예시에 대한 문장임을 알 수 있습니다. 따라서 밑줄 그은 부분에는 '해식 동굴의 예시'라는 이름표가 어울립니다.

4 이 글은 우리나라의 동굴을 석회 동굴, 용암 동굴, 해식 동굴로 나누어 설명한 글입니다. 따라서 글의 중심 내용은 '우리나라 동굴의 분류'입니다.

5 '고유'는 본래부터 가지고 있는 특유한 것이라는 뜻의 낱말입니다.

6 해식 동굴은 주로 절벽이 발달한 해안가에서 찾아볼 수 있습니다. 우리나라의 경우 화산암으로 이루어진 제주도와 동해안의 가파른 해안선에서 쉽게 찾을 수 있습니다.

7 제주도의 만장굴은 우리나라의 대표적인 용암 동굴입니다. 따라서 화산 활동으로 만들어진 동굴이라는 설명이 알맞습니다.

95쪽 **독해의 힘** 👊

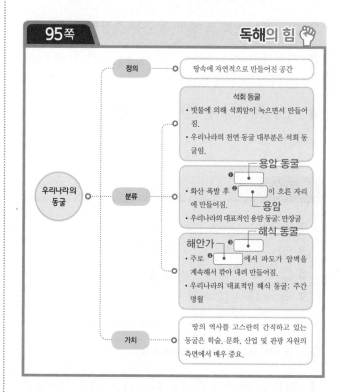

96쪽 **어휘의 힘** 👊

1 ③   2 ⑤

1 퇴적암이란, 퇴적 작용으로 퇴적물이 오래 쌓이면서 굳어진 돌을 말합니다. 따라서 빈칸에 들어갈 알맞은 말은 '퇴적'입니다.

2 '침식'은 지표의 바위나 돌 등이 바람, 빗물 등에 의해 깎여 나가는 것을 말합니다. '퇴적'은 자갈이나 모래 등이 물과 바람에 의해 쌓이는 것을 말합니다.

101쪽 확인 문제

> **1** (1) 순서 짜임 (2) 열거 짜임 (3) 비교 대조 짜임

1 (1) 어떤 일의 방법이나 순서를 설명하는 글은 '순서 짜임'이 알맞습니다.

 (2) 전통놀이 네 가지를 나열하여 설명하게 되므로 '열거 짜임'이 알맞습니다.

 (3) 두 대상의 공통점과 차이점을 중심으로 설명하는 글은 '비교 대조 짜임'을 갖습니다.

102쪽 문해력 연습

> **1** (2) ○
> **2** ⑤
> **3** (1) ② (2) ① (3) ③
> **4** ⑩ 고래와 상어, 오징어와 문어

1 글 내용으로 보아 계란말이를 만드는 방법에 대해 설명하고 있습니다. '먼저', '다음으로'와 같은 말은 일의 순서를 나타내는 말입니다. 어떤 일의 방법과 순서를 설명하는 글이므로 '순서 짜임'의 글입니다.

2 먼저 야채를 다지고, 다음으로 달걀의 노른자와 흰자를 섞는 일의 순서가 나타나 있습니다. 순서 짜임을 가진 글이므로 뒤에 노른자와 흰자를 섞은 뒤 할 일이 이어질 거라고 예상할 수 있습니다.

3 설명하고자 하는 대상이나 설명하는 방법에 따라 글의 짜임이 다릅니다. '발효 식품의 특징'에 대해 쓰는 글은 여러 가지 특징을 늘어놓게 되므로 열거 짜임을 갖습니다.

4 비교 대조 짜임은 두 대상을 견주어 공통점과 차이점을 중심으로 쓰는 글의 짜임입니다. 따라서 비교 대조 짜임으로 쓰려는 글은 두 대상이 다르지만 비슷한 점을 찾을 수 있는 글감이 좋습니다.

이 주의
문해 기술 정리하기

◦ 글의 짜임이란?

글의 조직이나 구성. 글 내용의 부분 부분들이 어떤 모습으로 글 전체를 이루는지 나타내는 모양.

◦ 글의 짜임을 생각하며 읽는 방법

❶ 열거 짜임: 각 항목에 대한 주요 내용을 간추리며 읽어요.

❷ 순서 짜임: 일을 하는 방법이나 차례를 생각하며 읽어요.

❸ 비교 대조 짜임: 두 대상을 견주어 공통된 특징이나 차이점을 구분하며 읽어요.

◦ 글의 짜임을 생각하며 읽으면 좋은 점

❶ 지금 읽고 있는 부분이 전체 내용에서 어느 부분에 해당하는지 알 수 있어요.

❷ 지금 읽고 있는 부분 뒤에 어떤 내용이 이어질지도 예측할 수 있어요.

> 글의 짜임을 생각하며 읽는다는 것은 글 전체와 지금 읽고 있는 부분의 관계를 생각하며 읽는다는 뜻이에요!

103쪽 배경지식의 힘

1 ㉠ ✓ **2** ㉡ ✓
3 ㉡ ✓ **4** ㉠ ✓

▶ 동영상 제목: 지역 이기주의에 대해 알아볼까요?

1 이기주의란 자기 자신의 이익만을 추구하는 것입니다. 지역 이기주의는 사회 전체의 이익보다 자기 지역의 이익만을 고집하는 것입니다.

2 핌피(PIMFY)는 'Please In My Front Yard'의 약자로 '내 앞마당에 만들어 주세요.'라는 뜻을 가지고 있습니다.

3 자기 지역에 지하철역 개통을 요구하는 것은 핌피 현상의 사례입니다. 님비 현상의 사례로는 자기 지역에 혐오 시설인 쓰레기 소각장이 설치되는 것을 반대하는 것이 알맞습니다.

4 지역 이기주의는 지역 간의 갈등과 다툼을 일으키는 원인이 됩니다.

104~106쪽 비문학 독해

1 ㉢ **2** ③
3 소민 **4** ②
5 지호 **6** ㉢

📖 글 제목: 님비 현상과 바나나 현상

1 이 글은 님비 현상과 바나나 현상의 공통점과 차이점을 설명한 글로, 비교 대조 짜임으로 구성되어 있습니다.

2 님비 현상과 바나나 현상은 지역 이기주의 현상입니다.

3 반 친구들에게 고마웠던 일들과 초등학생을 위한 추천 영화에 대한 글은 열거 짜임, 지하철역에서 학교까지 가는 길을 설명하는 글은 순서 짜임이 어울립니다.

4 님비 현상은 자기 지역 안에 혐오 시설이 만들어지는 것에 반대하는 현상입니다. 따라서 님비 현상은 필요한 시설을 적절한 위치에 짓지 못하게 만들어 사회 전체의 이익을 방해하는 집단 이기주의입니다.

5 바나나 현상은 사회의 이익을 위한 혐오 시설의 설치에도 반대하는 현상입니다. 다른 지역의 이익을 더 중요하게 여긴다고 볼 수 없습니다.

6 글을 간추릴 때는 글의 주요 내용을 포함하여 간추려야 합니다.

107쪽 독해의 힘

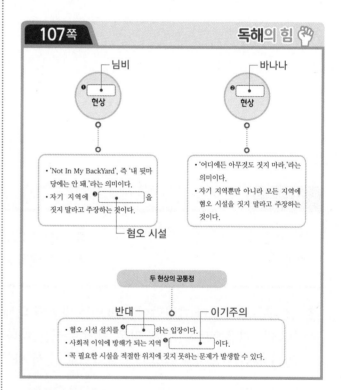

108쪽 어휘의 힘

1 (1) 少 (2) 小
2 (1) ② (2) ①

1 '많다'의 반대말은 '적다'이고, '크다'의 반대말은 '작다'입니다. 따라서 '多'와 '少', '大'와 '小'가 각각 반대입니다.

2 소량은 '적은 분량'을 의미하는 말이고, 소형은 '작은 물건'을 뜻하는 말입니다.

109쪽 — 배경지식의 힘

1 ㉡ ✓   2 ㉠ ✓
3 ㉠ ✓   4 ㉡ ✓

▶ 동영상 제목: 수평 잡기의 원리는 어떤 곳에 이용될까요?

1 수평이란 어느 쪽으로도 기울지 않은 평평한 상태를 가리키는 말입니다.

2 수평을 잡기 위해서는 물체의 무게와 물체와 받침점 사이의 거리를 알아야 합니다. 물체의 색깔은 수평을 이루는 데 관련이 없습니다.

3 두 물체의 무게가 같다면 받침점이 두 물체의 가운데에 있을 때 수평을 이루게 됩니다.

4 두 물체의 무게가 다르다면 물체로부터 받침점 까지의 거리가 각각 달라야 수평을 이룰 수 있습니다.

110~112쪽 — 비문학 독해

1 ①   2 ㉮ 지렛대 원리의 예
3 ①   4 ④
5 ⑤   6 ②
7 ③

📖 글 제목: 생활 속 지렛대 원리

1 지렛대 원리가 적용된 여러 도구를 소개하는 글로, 열거 짜임으로 구성되어 있습니다.

2 시소, 가위, 장도리는 모두 지렛대 원리가 적용 된 예입니다.

3 도구별 재료의 차이점은 나와 있지 않습니다.

4 지렛대 원리가 적용된 도구들을 나열한 글의 짜임을 고려했을 때 ⊙ 에 들어갈 내 용으로 알맞은 것은 지렛대 원리가 적용된 다 른 도구에 관한 설명입니다.

5 힘점보다 작용점이 받침점에 가까울수록 작은 힘으로 큰 힘을 낼 수 있습니다.

6 물체의 크기가 변했을 뿐, 물체의 무게에 변화 가 없다면 같은 위치에서도 이전과 동일한 힘 으로 들어 올릴 수 있습니다.

7 니퍼로 물건을 자를 때는 가위와 비슷하게 ㉮ 가 작용점, ㉯가 받침점, ㉰가 힘점이 됩니다.

113쪽 — 독해의 힘

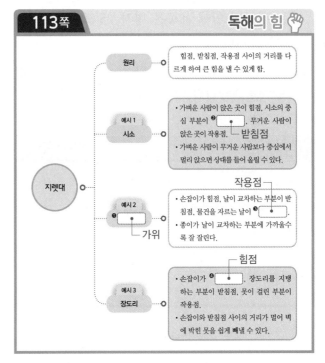

114쪽 — 어휘의 힘

1 (1) 발견   (2) 발명
2 (1) ㉠, ㉡   (2) ㉢, ㉣, ㉤

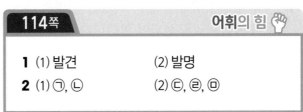

1 개미의 새로운 습성은 우리가 알지 못했을 뿐 이미 존재하고 있던 것이므로 '발견'이 알맞은 표현이고, 물 로켓의 새로운 날개는 전에 존재 하지 않던 것이므로 '발명'이 알맞습니다.

2 전기와 중력은 자연에 존재하고 있던 것을 발견 한 것이고, 자동차와 컴퓨터, 에스컬레이터는 기존에 없던 새로운 것을 발명한 것입니다.

1 ㉠ ✓   2 ㉡ ✓
3 ㉠ ✓   4 ㉠ ✓

▶ 동영상 제목: **나는 왕이로소이다: 세종의 여진 정벌**

2 세종은 여진족의 계속된 공격으로 고통 받던 백성들을 위하여 여진 정벌을 시작했습니다.

3 병사 3,000명으로는 여진 정벌이 불가능하다는 장군의 말에 세종은 병사 15,000명을 내어 주었습니다.

4 세종은 4군 6진을 설치하여 오늘날의 국경선을 성립했습니다.

1 ㉡
2 예 새로운 문자를 만들기 위해 연구함.
3 예 도서 대출증 신청 방법
4 ㉡ → ㉠ → ㉢ → ㉣   **5** ①
6 ㉡   **7** ㉠

📖 글 제목: **백성을 가르치는 바른 소리**

1 세종이 훈민정음을 만든 과정을 설명한 글로, 순서 짜임으로 구성되어 있습니다.

2 글을 읽고 순서에 알맞은 세종의 행동이 무엇인지 생각해 봅니다.

3 순서가 드러나게 써야 할 글감을 한 가지 생각해 봅니다.

4 세종은 글을 모르는 백성들을 안타깝게 여겨 새로운 문자를 만들기 위한 연구를 시작했습니다. 이후 세종은 발음 기관을 본뜬 자음과 하늘과 땅의 원리를 담은 모음을 만든 뒤, 그 창제 원리와 사용법을 담은 『훈민정음해례본』을 만들었습니다.

5 훈민정음은 문맹인 백성들을 위해 세종이 만든 문자입니다.

6 'ㅡ'는 땅을 본떠 만들어진 모음입니다. 자음과 모음을 모아쓰는 방법은 세종이 만들어 『훈민정음해례본』에 기록했습니다.

7 훈민정음이 세계에서 가장 우수하고 널리 쓰인다는 내용은 나와 있지 않습니다.

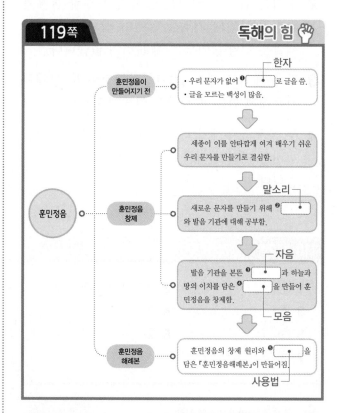

1 (1) ①   (2) ②
2 아침, 노을

1 (1) 바다에 바람이 거세게 불며 일어난 크고 사나운 물결은 '너울'입니다.

(2) 자신도 모르는 사이에 키가 많이 자랐다는 문장이므로 '시나브로'가 알맞습니다.

2 '빵'과 '노트'는 외래어, '학교'는 한자어입니다.

121쪽 배경지식의 힘 ✊

1 ㉠ ✓   2 ㉡ ✓
3 ㉡ ✓   4 ㉡ ✓

▶ 동영상 제목: **우리 몸의 혈액도 혼합물인가요?**

1 혈액은 혈장과 적혈구, 백혈구, 혈소판으로 구성된 혼합물입니다.

2 산소를 운반하는 헤모글로빈 때문에 혈액이 붉은색으로 보입니다.

3 백혈구는 살균 작용과 식균 작용을 하며 몸에 해로운 균을 없애는 역할을 합니다. 산소를 운반하는 것은 적혈구가 하는 일입니다.

4 혈소판은 혈구 중 크기가 가장 작고 모양이 불규칙합니다.

122~124쪽 비문학 독해

1 ㉡
2 ① 폐동맥 ② 폐정맥 ③ 대동맥 ④ 대정맥
3 수정   **4** ④
5 (1) 동맥 (2) 심방 (3) 정맥
6 ㉢, ㉣

📖 글 제목: **혈액은 산소 배달 중**

1 혈액이 우리 몸을 순환하는 과정을 설명하는 글로, 순서 짜임으로 구성되어 있습니다.

2 혈액이 이동하는 순서에 유의하며 어떤 혈관을 타고 어디로 이동하는지, 도착해서 어떤 일을 하는지 정리해 봅니다.

3 이번 달에 읽은 책들을 소개하는 글은 열거 짜임, 체험학습 장소를 비교하는 글은 비교 대조 짜임이 어울립니다.

4 심장은 좌우에 심방과 심실이 각각 하나씩 있는 구조입니다.

5 동맥은 심실과 이어져 있습니다. 정맥을 타고 심장으로 들어간 혈액은 심방에 모입니다.

6 폐동맥에 흐르는 혈액은 이산화 탄소를 많이 포함하고 있고 대동맥에 흐르는 혈액은 산소를 많이 포함하고 있습니다.

125쪽 독해의 힘 ✊

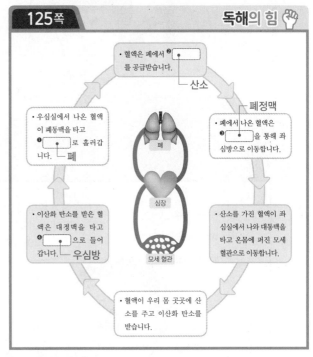

- 혈액은 폐에서 ❷□□를 공급받습니다. ─ 산소
- 우심실에서 나온 혈액이 폐동맥을 타고 ❶□□로 흘러갑니다. ─ 폐
- 폐에서 나온 혈액은 ❸□□를 통해 좌심방으로 이동합니다. ─ 폐정맥
- 이산화 탄소를 받은 혈액은 대정맥을 타고 ❹□□으로 들어갑니다. ─ 우심방
- 산소를 가진 혈액이 좌심실에서 나와 대동맥을 타고 온몸에 퍼진 모세 혈관으로 이동합니다.
- 혈액이 우리 몸 곳곳에 산소를 주고 이산화 탄소를 받습니다.

폐 / 심장 / 모세 혈관

126쪽 어휘의 힘 ✊

1 (1) ○
2 (1) ①   (2) ②

1 화가 나는 일을 표현할 때에는 '피가 거꾸로 솟는다'가 알맞습니다. '피는 물보다 진하다'는 혈육 간의 정을 표현할 때 쓰이는 말입니다.

2 (1) 책상 정리는 대청소에 비하면 작은 일이었다는 것을 나타내기 위해서는 '새 발의 피'라고 표현하는 것이 알맞습니다.

(2) 괴롭고 걱정스러운 마음을 나타내기 위해서는 '피가 마르는 것' 같았다는 표현이 알맞습니다.

재미있는 속담

봄 추위가 장독 깬다

 꽃샘추위라고 들어 봤나요? 추운 겨울이 가고 봄이 되었지만 갑자기 오는 추위를 꽃샘추위라고 해요. 봄 추위가 장독 깬다는 봄이 되어 갑자기 오는 꽃샘추위가 얼마나 대단한지 장독대에 있는 항아리가 얼어 깨질 정도로 춥다는 뜻이에요.

「똑똑한 하루 어휘」 4단계 발췌

memo

그래서
밀크T가
필요한 겁니다

6학년

5학년

4학년

3학년

2학년

학년이 더- 높아질수록
꼭 필요한 공부법

더-잡아야 할 **공부습관**

더-올려야 할 **성적향상**

더-맞춰야 할 **1:1 맞춤학습**

학년별 맞춤 콘텐츠

7세부터 6학년까지
차별화된 맞춤 학습 콘텐츠와
과목 전문강사의 동영상 강의

+

수준별 국/영/수

체계적인 학습으로
기본 개념부터 최고 수준까지
실력완성 및 공부습관 형성

+

1:1 맞춤학습

1:1 밀착 관리선생님
1:1 AI 첨삭과외
1:1 맞춤학습 커리큘럼

---

www.milkt.co.kr | 1577-1533

**우리 아이 공부습관,
무료체험 후 결정하세요!**

정답은
이안에
있어!

수학 전문 교재

● 연산 학습

빅터연산	예비초~6학년, 총 20권
창의융합 빅터연산	예비초~4학년, 총 16권

● 개념 학습

개념클릭 해법수학	1~6학년, 학기용

● 수준별 수학 전문서

해결의법칙(개념/유형/응용)	1~6학년, 학기용

● 단원평가 대비

수학 단원평가	1~6학년, 학기용

● 단기완성 학습

초등 수학전략	1~6학년, 학기용

● 삼위권 학습

최고수준 S 수학	1~6학년, 학기용
최고수준 수학	1~6학년, 학기용
최강 TOT 수학	1~6학년, 학년용

● 경시대회 대비

해법 수학경시대회 기출문제	1~6학년, 학기용

예비 중등 교재

● **해법 반편성 배치고사 예상문제**	6학년
● **해법 신입생 시리즈(수학/영어)**	6학년

맞춤형 학교 시험대비 교재

● **열공 전과목 단원평가**	1~6학년, 학기용(1학기 2~6년)

한자 교재

● **해법 NEW 한자능력검정시험 자격증 한번에 따기**	6~3급, 총 8권
● **쌩쌩 한자 자격시험**	8~7급, 총 2권
● **한자전략**	1~6학년, 총 6단계

배움으로 행복한 내일을 꿈꾸는
천재교육 커뮤니티 안내 · · ·

 교재 안내부터 구매까지 한 번에!
천재교육 홈페이지

자사가 발행하는 참고서, 교과서에 대한 소개는 물론
도서 구매도 할 수 있습니다. 회원에게 지급되는 별을 모아
다양한 상품 응모에도 도전해 보세요!

 다양한 교육 꿀팁에 깜짝 이벤트는 덤!
천재교육 인스타그램

천재교육의 새롭고 중요한 소식을 가장 먼저 접하고 싶다면?
천재교육 인스타그램 팔로우가 필수!
깜짝 이벤트도 수시로 진행되니 놓치지 마세요!

 수업이 편리해지는
천재교육 ACA 사이트

오직 선생님만을 위한, 천재교육 모든 교재에 대한 정보가 담긴
아카 사이트에서는 다양한 수업자료 및 부가 자료는 물론
시험 출제에 필요한 문제도 다운로드하실 수 있습니다.

https://aca.chunjae.co.kr

 천재교육을 사랑하는 샘들의 모임
천사샘

학원 강사, 공부방 선생님이시라면 누구나 가입할 수 있는 천사샘!
교재 개발 및 평가를 통해 교재 검토진으로 참여할 수 있는 기회는 물론
다양한 교사용 교재 증정 이벤트가 선생님을 기다립니다.

 아이와 함께 성장하는 학부모들의 모임공간
튠맘 학습연구소

튠맘 학습연구소는 초·중등 학부모를 대상으로 다양한 이벤트와 함께
교재 리뷰 및 학습 정보를 제공하는 네이버 카페입니다.
초등학생, 중학생 자녀를 둔 학부모님이라면 튠맘 학습연구소로 오세요!